NHK趣味の園芸 よくわかる栽培12か月

ラズベリー、ブラックベリー

國武久登

JBP-S.Maruyama

目次

Column

Let's Try!

ベリーのかんたんレシピ

ブラックベリーの果実 *JBP-Y.Itoh*

本書の使い方

本書は、ラズベリー、ブラックベリーの栽培管理について、1月から12月まで月ごとに紹介したものです。月ごとの生育状況、主な作業、管理のポイントを、庭植え、鉢植えに分けて解説しています。毎月、そのページを開けば、作業と管理がわかるようにしました。そのため、一部、前月の作業や管理と重複していることもあります。また、特に解説がない場合は、ラズベリー、ブラックベリー共通の管理、作業になります。

●開花期、収穫期について　本書は関東地方を基準にして作業と管理を解説しています。地域によっては、生育サイクルや開花期、収穫期がずれることがあります。

●種名の表記について　原種、品種の表記は、研究者によって異なる場合があります。

●管理は植物に合わせて　栽培場所の土壌や気候、環境により、生育状況は異なります。水やりや肥料の分量などは、あくまでも目安です。植物の状態に合わせて加減してください。

もっと知りたい

ラズベリー、ブラックベリー

ラズベリー、ブラックベリーはバラ科キイチゴ属の低木性落葉果樹です。日本にもキイチゴの仲間は多く自生しますが、主にアメリカやヨーロッパで改良されたラズベリー、ブラックベリーが、栽培種として流通しています。欧米では古くから親しまれていたラズベリー、ブラックベリーですが、日本での栽培の歴史は浅く、新しい果樹として注目されています。

ラズベリーと野生種の種間雑種

JBP-Y.Itoh

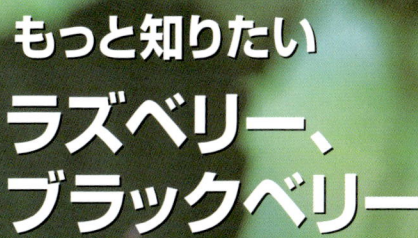

ラズベリー、ブラックベリーはキイチゴの仲間

　ラズベリー、ブラックベリーはバラ科（*Rosaceae*）のキイチゴ属（*Rubus*）に分類される低木性落葉果樹です。キイチゴは漢字で木苺と書くように、木になるイチゴの総称です。キイチゴの仲間は世界中に分布しており、特に日本を含む北半球に多く自生しています。

　枝上での突然変異が多いことからその数は300種とも３０００種ともいわれ、栽培種はラズベリー（raspberry）とブラックベリー（blackberry）に大別されます。

　ラズベリー、ブラックベリーとも家庭での栽培は容易で、庭だけでなくベランダなどでの鉢栽培でも十分に育ちます。

　果実は生食のほかジャムやジュースなどの加工にも適しており、まさに家庭栽培向けの果樹です。

栽培種の起源

　キイチゴは前述したように野生種が世界中に分布しており、古くからその果実を採取して利用してきました。

　ラズベリーは主にヨーロッパや北アメリカに自生し、現在の栽培種はそれらの種間交雑から育成されました。一方、ブラックベリーは、アジア西部、南ヨーロッパ、アフリカ、南北アメリカに自生し、現在の栽培種は主に北アメリカの野生種が改良され、育成されたものです。

　日本にも北海道から沖縄まで40種以上のキイチゴが広く自生しており、やはり古くから生食用として利用されてきました。特にモミジイチゴ、エビガライチゴ、ナワシロイチゴ、クサイチゴ、バライチゴ、カジイチゴなどは酸味が少なく、生食に適していますが、それらの野生種が栽培種として改良された例はありません。

日本に自生するラズベリー、ブラックベリーの仲間

ナガバモミジイチゴ
Rubus palmatus

エビガライチゴ
Rubus phoenicolasius

ナワシロイチゴ
Rubus parvifolius

ヒメバライチゴ
Rubus minusculus

クサイチゴ
Rubus hirsutus

カジイチゴ
Rubus trifidus

ラズベリー

ラズベリーの由来

ラズベリーの栽培は、16世紀にイギリスで始まったとされています。この時点ではヨーロッパの野生のラズベリーをそのまま栽培したものでした。その後、移民たちによってアメリカに運ばれましたが、気候風土に合わず、栽培は定着しませんでした。そこで、北アメリカの野生種を利用した品種改良が試みられ、１９６５年、ニューヨークで〝カスパート〟が育成されたあと、急速にアメリカを中心に栽培されるようになりました。

ラズベリーは果実の色で大きく3つに分けられます。赤ラズベリー（red raspberry）、黒ラズベリー（black raspberry）および紫ラズベリー（purple raspberry）です。赤ラズベリーは北アメリカの東北部に自生する*Rubus strigosus*とヨーロッパに自生する*R. idaeus*を主として改良されました。また、黒ラズベリーは北アメリカ東北部に自生する*R. occidentalis*を基本に改良されました。紫ラズベリーは赤ラズベリーと黒ラズベリーの交雑種から選抜されたものですが、日本で出回ることは少ないようです。最近は黄色種も流通していますが、赤ラズベリーの変異として分離されたものです。

ラズベリーの特性

栽培適地　夏季に冷涼な気候を好み、寒冷地での栽培に適しています。

ARS

黒ラズベリー‘ブラックキャップ1号’

H.Kuniake

赤ラズベリー‘インディアンサマー’

JBP-S.Maruyama

黄ラズベリー‘ファールゴールド’

花　新しく伸びた枝の先端に、花弁が5枚の小さな花が集まって咲きます。

果実　果実のように見えるのは、小さな果実（小核果）の集合体（集合果）で、各小核果には1個ずつタネが含まれます。小核果の数や大きさは品種によって違いがあります。

樹姿　赤ラズベリーは直立性ですが、黒および紫ラズベリーは枝の先端が垂れるアーチ状（開張性）になる傾向があります。

とげ　いずれの種類も枝に小さいとげが密生しています。

株の成長・収穫　苗から2～3年で果実が収穫でき、5～6年で成木になります。一般に自家結実性であり、1本でもよく結実します。また、夏と秋の年2回収穫できる二季なり性の品種があるのも魅力です。

ふやし方　株分けでふやすことが多いようです。

ブラックベリー

ブラックベリーの由来

　ブラックベリーの栽培は19世紀に北アメリカで始まりました。雑種や変種が多いので、その分類は非常に困難ですが、北アメリカ東部に自生する*Rubus allegheniensis* や*R. argutus* などから改良されてきました。

　また、ブラックベリーの一群であるデューベリー（26ページ参照）は、主にアメリカ北部に自生する*Rubus villosus*、南部に自生する*R. trivialis* および西部に自生する*R. vitifolius* が基本となって改良されてきました。

　ラズベリーとブラックベリーの種間雑種も育成されており、新しい品種も登場しています。近年ではとげのない品種も育成され、ガーデニング素材として定着しつつあります。

JBP

とげのないブラックベリー

ブラックベリーの特性

栽培適地　温暖な気候を好み、暖地での栽培に適しています。

花　白色から桃色の花が枝先に集まって咲きます。

果実　ラズベリーと同様に、果実に見えるものは、小さな果実（小核果）の集合体（集合果）

です。成熟すると黒色になるものがほとんどですが、まれに暗赤色のものもあります。

樹姿　品種によってさまざまで、開張性、ほふく性、下垂性のものがあります。ほふく性のタイプをフェンスなどに這わせると、花や果実の時期の風景は見事です。

とげ　ほとんどの品種にとげがありますが、日本ではとげなしの品種が流通しています。

株の成長・収穫　ラズベリーと同様に自家結実性であり、1本でもよく結実します。

　デューベリーはブラックベリーと比較して一般に早く熟し、果実も大きくて外観、風味ともに優れています。収量が多いため、徐々に広がりつつあります。

ふやし方　とり木やさし木でふやす場合が多いようです。

たわわに実ったブラックベリーの果実　*JBP-S.Maruyama*

ラズベリー、ブラックベリーのつくりと名称

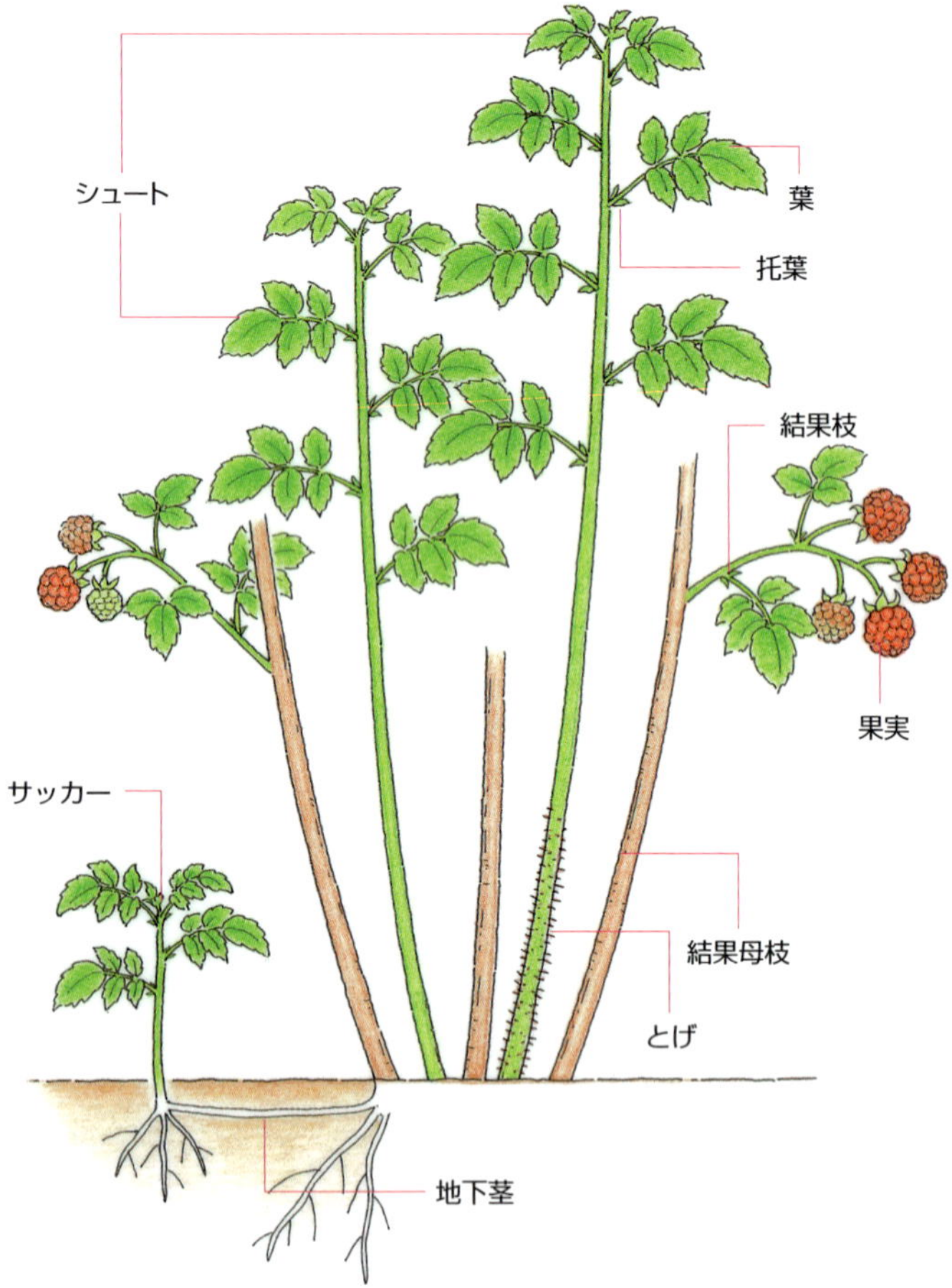

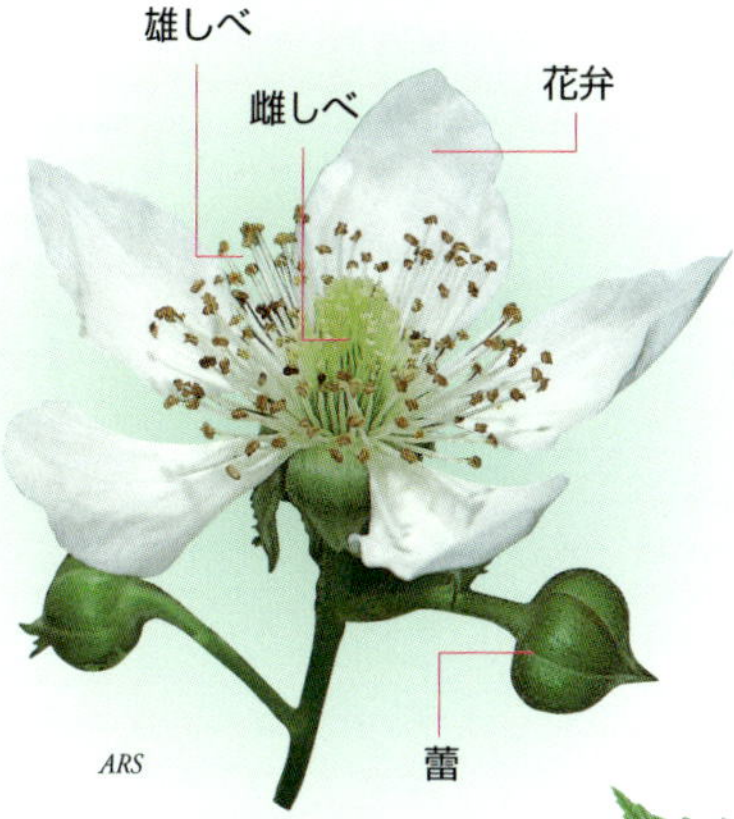
雄しべ
雌しべ
花弁
蕾

ARS

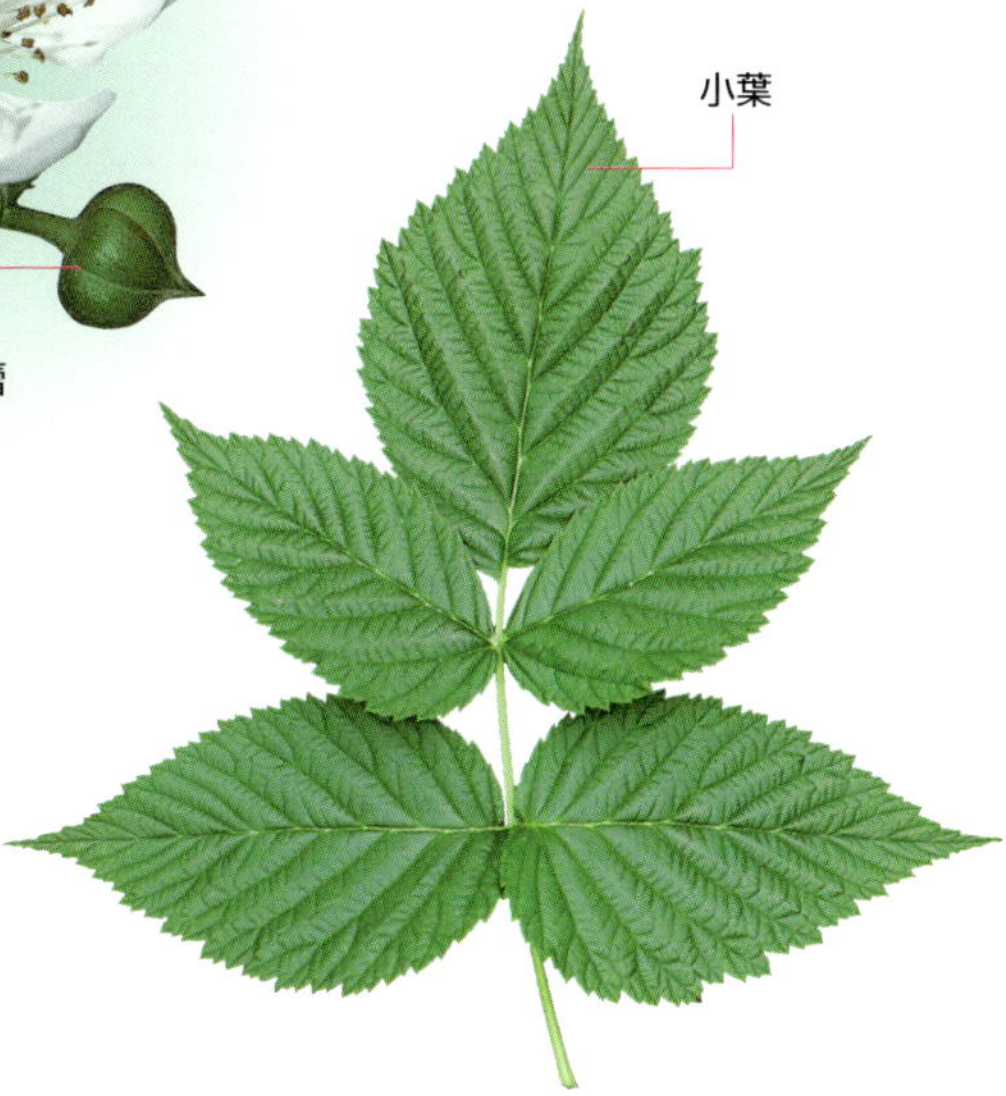
小葉

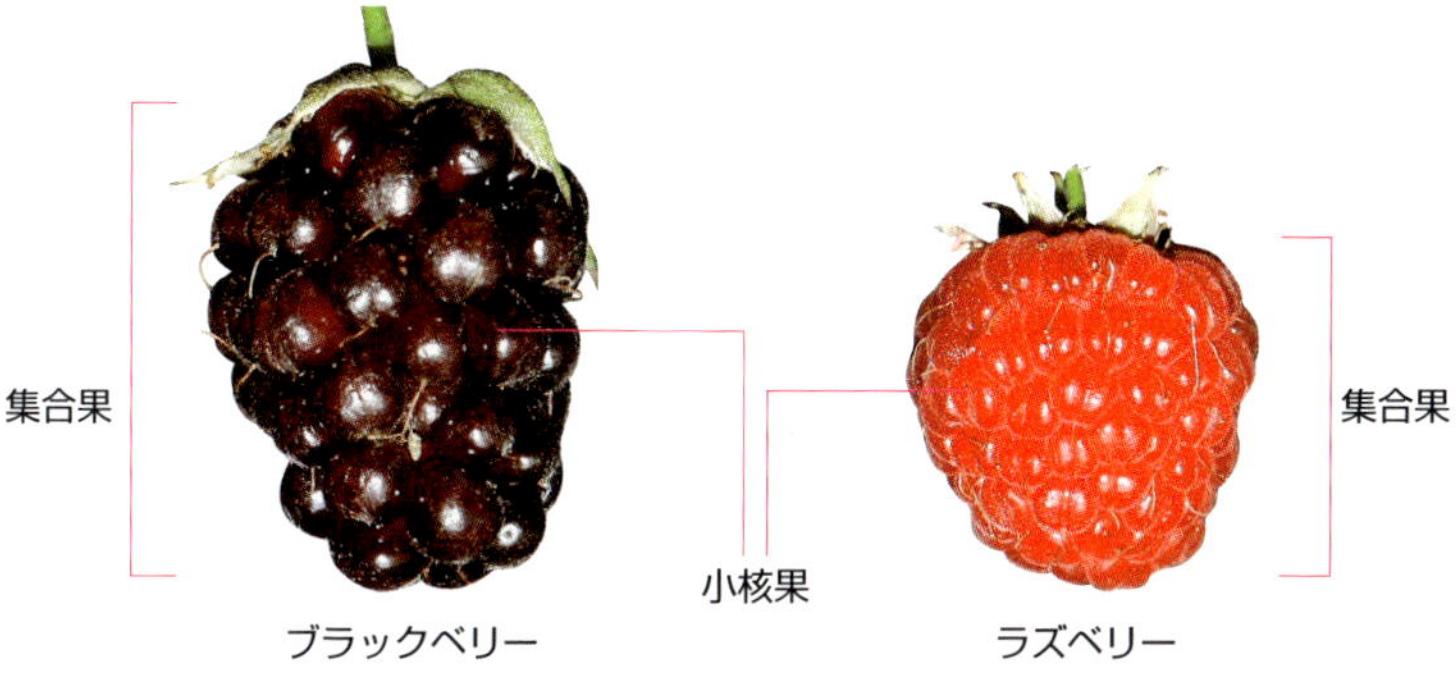
集合果
小核果
集合果
ブラックベリー
ラズベリー

ラズベリー、ブラックベリーの樹姿

平成16年に出版された『キイチゴ類の種苗特性分類調査報告書』によると、その樹姿は①直立性、②開張性（ラズベリータイプ）、③下垂性、④ほふく性（ブラックベリータイプ）の4つに大別されます。

例えば、ラズベリーの〝サマーフェスティバル〟や〝インディアンサマー〟は開張性、ブラックベリーの〝マートンソーンレス〟は下垂性、ブラックベリーの〝ボイセンベリー〟はほふく性のタイプに分類することができます。ラズベリー、ブラックベリーの整枝、剪定、仕立ては、これらの基本的な樹姿をふまえたうえで行うことが重要です。

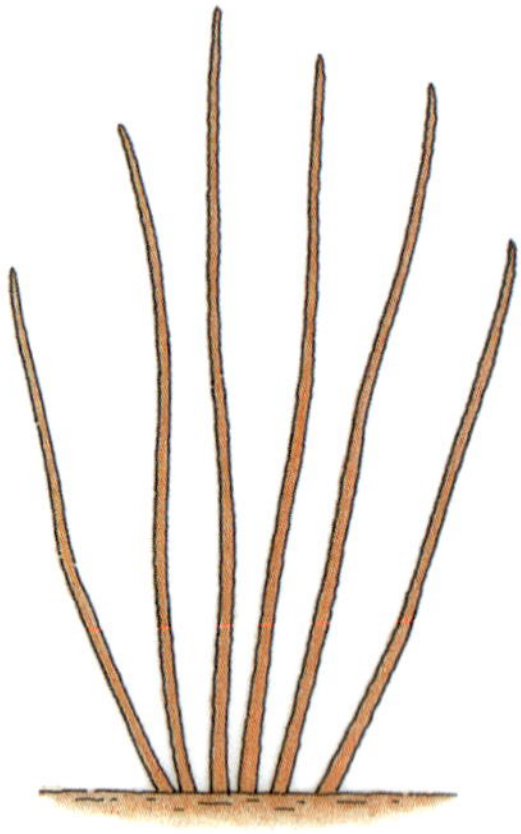

直立性

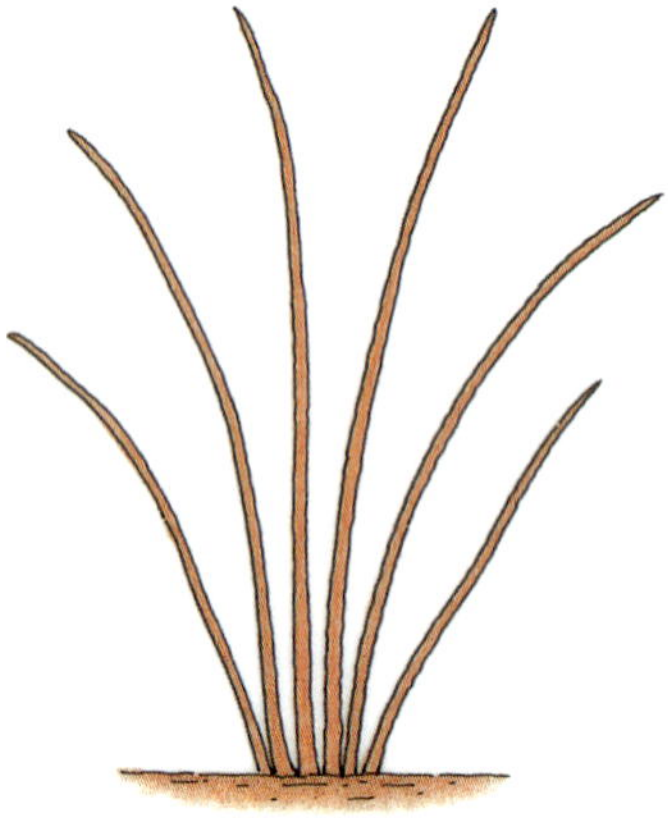

開張性

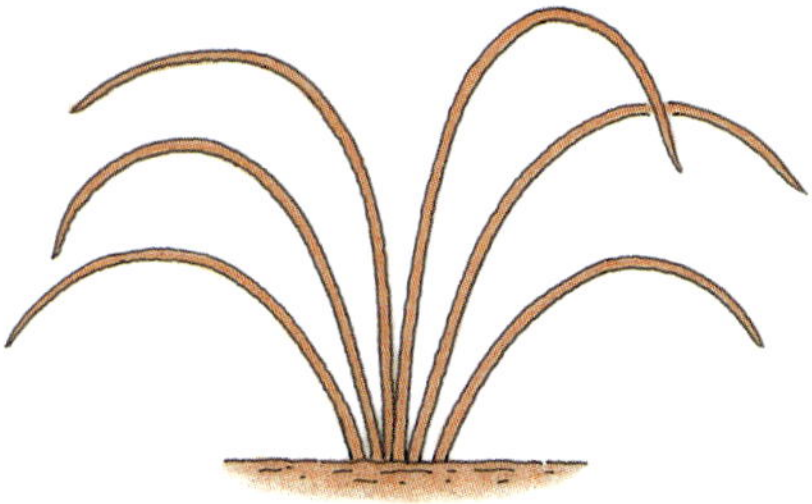

下垂性

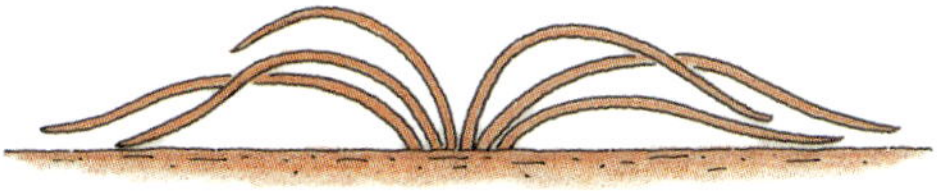

ほふく性

ほふく性のブラックベリー

開張性のラズベリー

 P/JBP-S.Maruyama

ラズベリー、ブラックベリーの見分け方

ラズベリーは、成熟した果実（集合果）が花托から簡単に分離します。収穫した果実の内部が空洞になるので、果実の形がくずれやすくなります。

一方のブラックベリーは花托ごと収穫できるので、収穫後に果実の形がくずれることはありません。

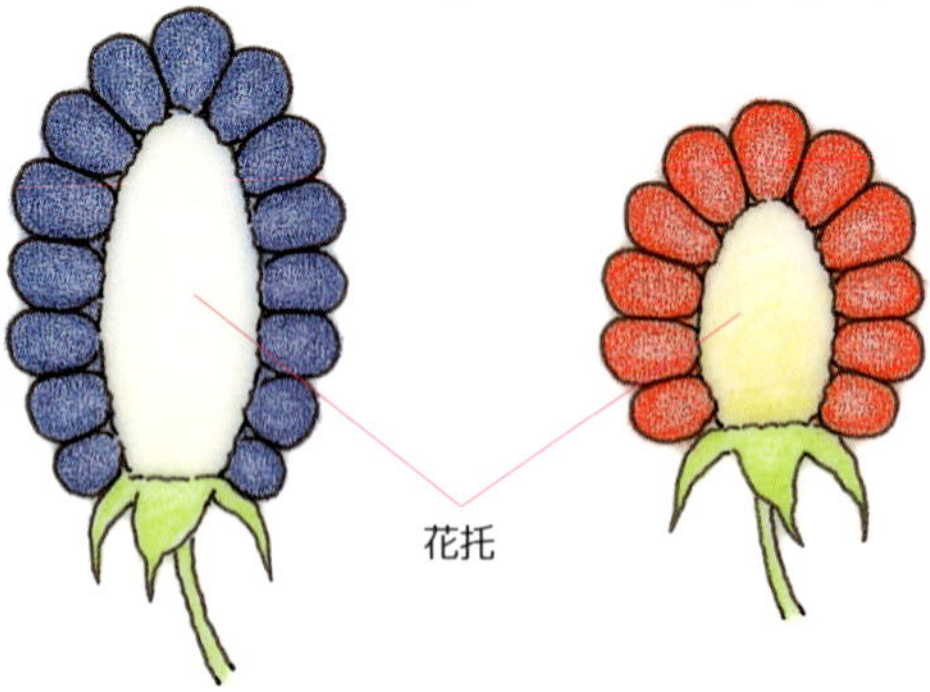

ブラックベリー　　ラズベリー

ブラックベリーは花托が離れない

ラズベリーは果実から花托が離れる

育てやすい

ラズベリー、ブラックベリーの種類

ラズベリー、ブラックベリーは1株でもよく結実し、庭植え、鉢植え、どちらでも楽しむことができます。ただし、ラズベリーは夏季に冷涼な気候を好むので寒冷地向け、ブラックベリーは温暖な気候を好むので暖地向けです。また、品種によって樹姿や果実の色、大きさ、花色などに違いがあるので、いろいろな品種を育ててみるのも楽しいでしょう。

完熟したブラックベリーの果実

ARS

ラズベリー

ラズベリーは耐寒性が強く、夏が冷涼な地域での栽培に適しています。栽培適地はリンゴ(アップルゾーン)とほぼ同様です。果実は品種によって、透けるような赤、黄、黒など、さまざまな色があります。

1) 英名
2) 分類
3) 収穫時期
4) 株の特徴
5) 果実の特徴

JBP-S.Maruyama

'インディアンサマー'

1) indian summer
2) 赤ラズベリー
3) 二季なり性の人気品種。収穫は6月から7月と9月から10月。
4) 開張性。樹勢も強く、育てやすい。
5) 果実の大きさは中粒程度。実つきがよく食味がよい。

‘サマーフェスティバル’

1）summer festival
2）赤ラズベリー
3）‘インディアンサマー’と並ぶ二季なり性の人気品種。収穫は6月から7月と9月から10月。
4）開張性。
5）果実の大きさは中粒程度。実つきがよく食味がよい。

‘ヘリテージ’

1）heritage
2）赤ラズベリー
3）二季なり性。収穫は6月から7月と9月から10月。
4）開張性。
5）果実の大きさは中粒程度で、食味がよい。

 P/H.Kunitake

H.Kunitake

‘ゴールデンクイーン’

1) golden queen
2) 黄ラズベリー
3) 一季なり性。収穫は6月から7月。
4) 開張性。樹勢はやや強いが、暖地では育てにくい。
5) 実つきがよく食味がよい。

‘スキーナ’

1) skeena
2) 赤ラズベリー
3) 一季なり性。収穫は6月から7月。
4) 開張性。樹勢も強く、育てやすい。
5) 果実が大きく、実つきはよいが味は中程度。収穫後の形がくずれにくい。

H.Kunitake

JBP-S.Maruyama

‘ファールゴールド’

1) fall gold
2) 黄ラズベリー
3) 一季なり性。収穫は7月から8月。
4) 開張性。樹勢はやや弱く、暖地では育てにくい。
5) 果実は小粒で収穫期間が長い。食味はよい。

ARS

‘ブラックキャップ 1 号’

1) blackcap No.1
2) 黒ラズベリー
3) 一季なり性。収穫は6月から7月。
4) 開張性。樹勢は強く、栽培しやすい。とげが多い。
5) 果実は中粒程度の大きさで、実つきがよい。加工用。

JBP-S.Maruyama

‘サウスランド’

1）southland
2）赤ラズベリー
3）二季なり性。収穫は 6 月から 7 月。
4）開張性。樹勢が強く、繁殖がおう盛。
5）果実は中粒程度の大きさで、食味はよい。

H.Kunitake

‘レッドジュエル’

1） red jewel
2） 赤ラズベリー
3） 二季なり性。収穫は6月から7月と9月から10月。
4） 開張性。樹勢は強く、育てやすい。
5） 果実は中粒程度の大きさで、食味はよい。

鉢植えの‘レッドジュエル’。花や実の時期はテラスやエントランスなどに置いて観賞用としても楽しめる

 P/JBP-Y.Itoh

ブラックベリー

耐暑性に優れるブラックベリーは、温暖な地域での栽培に適しています。栽培適地はミカン（オレンジゾーン）とほぼ同様です。アントシアニンやビタミンCを豊富に含み、生食のほかジャムや果実酒などに加工しても楽しめます。

1）英名
2）分類
3）収穫時期
4）株の特徴
5）果実の特徴

H.Kunitake

‘マートンソーンレス’

1）marton thornless
2）ブラックベリー
3）成熟期は7月から8月。
4）とげなしの下垂性の品種。樹勢がきわめて強く、暖地では栽培しやすい。
5）濃桃色で観賞価値が高い花が咲いたあと、黒色で大きな果実をつける。

H.Kunitake

JBP-Y.Itoh

JBP

‘サテンブラック’

1）satin black
2）ブラックベリー
3）成熟期は8月。ブラックベリーのなかでも極晩生。
4）とげなしの下垂性の品種。
5）香りのよい大きな果実をつける。

JBP

‘ボイセンベリー’

1）boysenberry
2）ブラックベリー
3）ブラックベリーでは最も早生の品種で、6月から7月に成熟する。
4）ほふく性。鉢栽培に向く。とげありととげなしの2系統があり、とげなし品種もとげありに戻ってしまうことがある。
5）果実は赤紫色で大きい。

JBP-N.Kamibayashi

デューベリー

1）duberry
2）デューベリー（米国で新しく栽培化された雑種群）
3）一季なり性。収穫期は6月から7月。
4）ほふく性の品種が多い。
5）果実が大きく、外観、食味に優れる。花托から離れないブラックベリーの果実に似る。

JBP-S.Maruyama

12か月の管理と作業

ラズベリー、ブラックベリーの栽培の基本を、1月から12月に分けて解説しました。特に断りがない場合は、ラズベリー、ブラックベリー共通の作業、管理です。またコラムで花や葉、とげの観察、楽しみ方の工夫、Let's Try!としてタネの採種とタネまき、交配、さし木、収量アップの剪定のやり方も紹介しています。ぜひ挑戦してみましょう。

ラズベリー 'レッドジュエル' の収穫

JBP-Y.Itoh

ラズベリーの年間の管理と作業（関東地方以西基準）

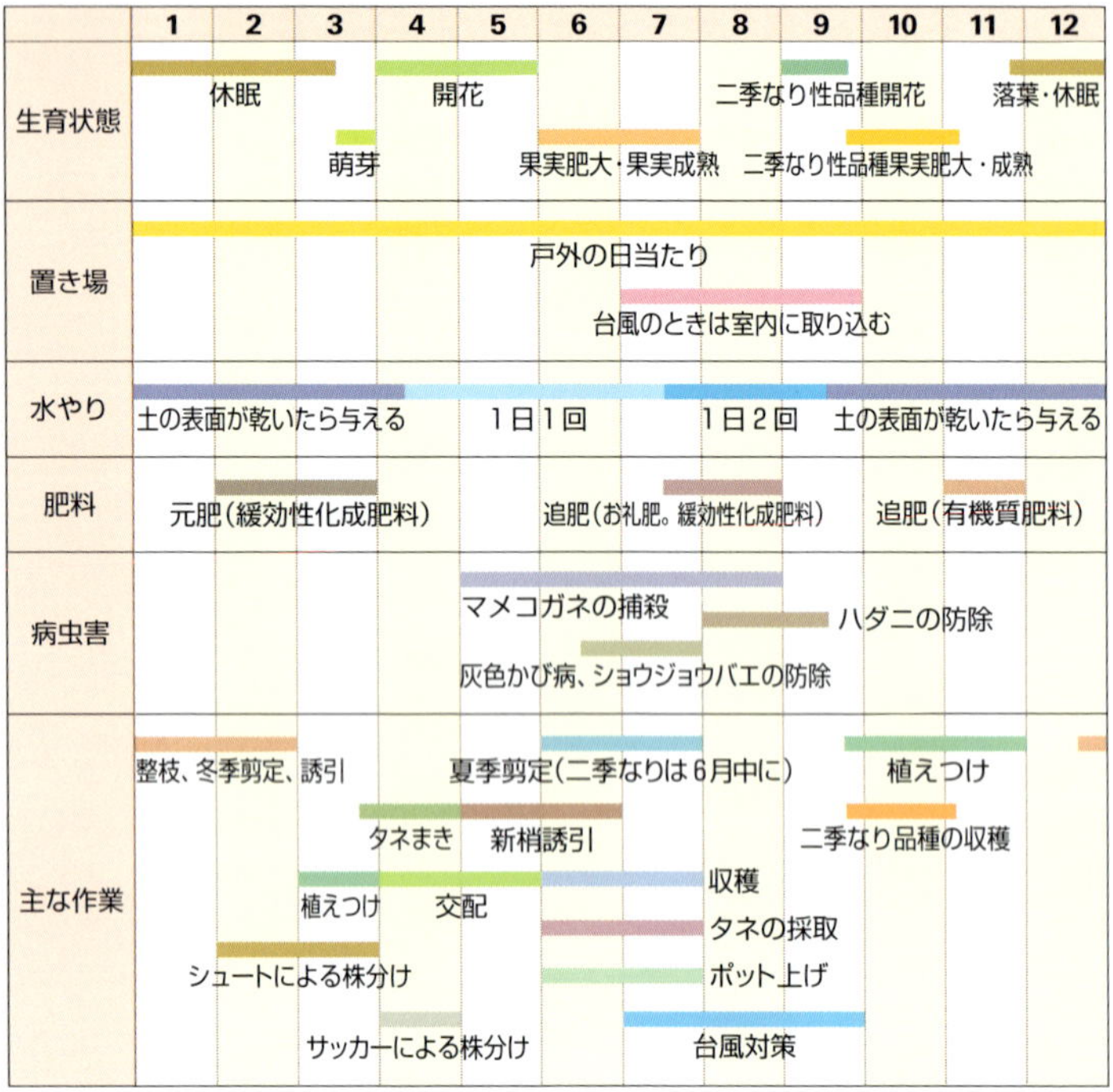

肥料と病虫害の防除について

●肥料

肥料は年3回、元肥と追肥を施します。施す量は、各月の施肥量の目安を参照してください。化成肥料を使用する際は、取り扱い説明書をよく読み、定められた使用法、使用量を守って処理してください。

（商品例）

元肥　緩効性化成肥料→マイガーデンなど

追肥　緩効性化成肥料→プロミック錠剤、マイガーデンなど

ブラックベリーの年間の管理と作業（関東地方以西基準）

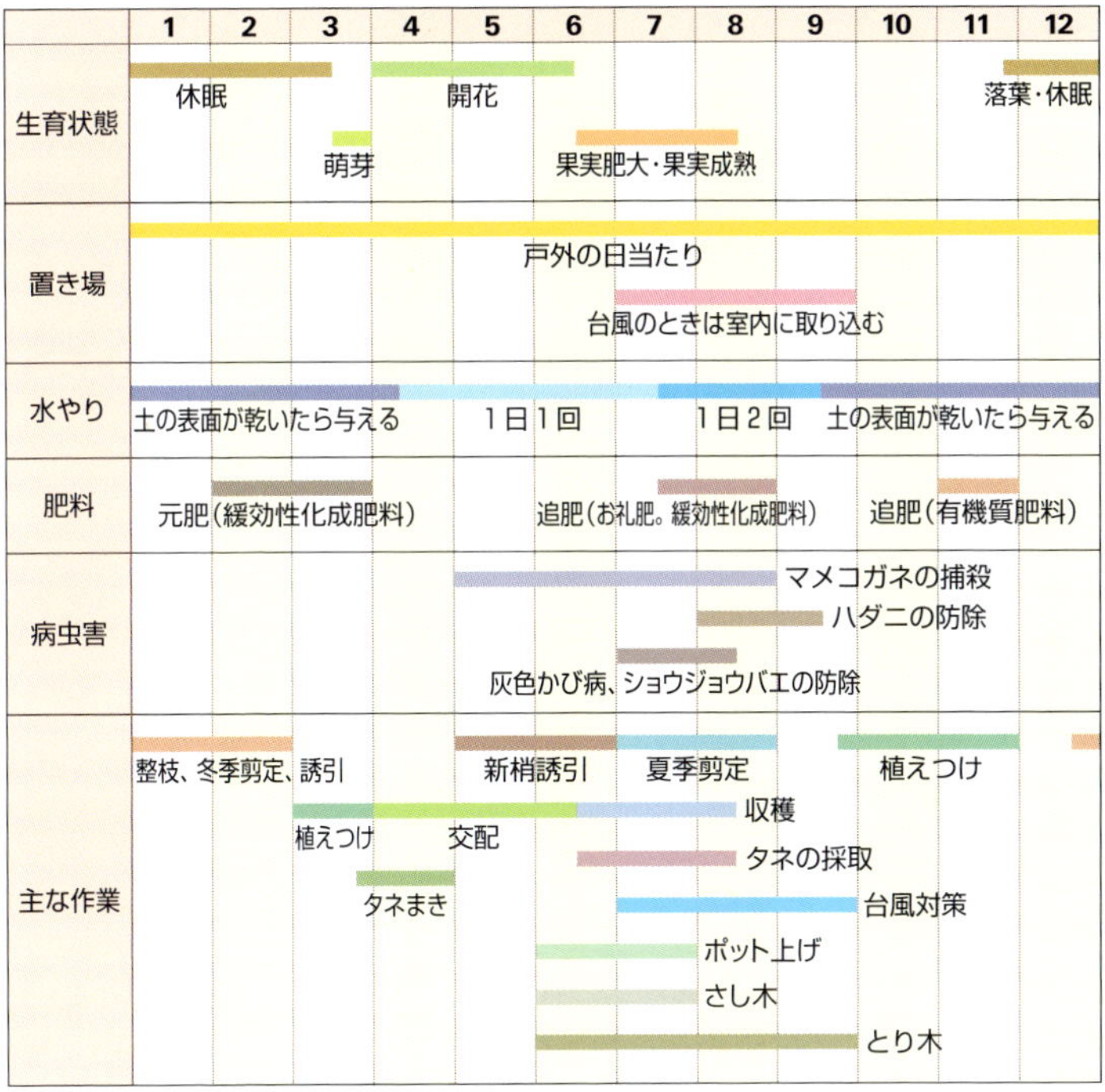

● 病虫害の防除

病虫害の発生を防ぐには、発生しにくい環境をつくることが大切です。日当たり、風通しをよくして、株元の除草を心がけましょう。収穫期に雨が多い地域ではなるべく雨を避けるようにします。また、果実を収穫したあと、枯れ込んだ枝先を残したままにしておくと病気の発生源になるので必ず切除します。

1月

1月は整枝、剪定の適期です。冬季の整枝、剪定は、今年の樹形を決める重要な作業です。開花、結実したときの姿をイメージしながら、株をデザインしてみましょう。

ブラックベリーの冬芽（混合花芽）　*JBP*

1月のラズベリー、ブラックベリー

1年で最も寒さが厳しく、ラズベリーやブラックベリーのほとんどの品種は落葉しています。根や芽もまったく動いていません。この休眠期間中に整枝、剪定を行います。また、ラズベリー、ブラックベリーの結果習性（32ページ参照）はほかの果樹とは異なるので、この時期に枝の性質や花芽のつき方について観察するのもよいでしょう。

●庭植えの管理

水やり　必要ありません。

肥料　施しません。

●鉢植えの管理

置き場　戸外の日当たりのよい場所に置きます。

水やり　鉢土の表面が乾いたら水やりをします。

肥料　施しません。

●主な作業（庭植え・鉢植え共通）

整枝、剪定　ラズベリー、ブラックベリーは毎年、新しいサッカーまたはシュートが伸び、翌年には開花、結実するので、ほかの果樹のように幼木と成木時で整枝と剪定に大きな違いはありません。

まず、果実をつけたすべての枝を元から切り取ります。（二季なり性のラズベリーでは、秋に果実がついた枝に当年の夏に果実がつくので残します）。枯れ込んで灰色になっているので、識別は容易です。次に、残す結果母枝を決め、枯れた部分があれば切り取ります。結果母枝から出ている側枝は、1～2芽を残して切り詰めます。春に結果枝が30㎝以上伸びるので、株全体のバランスをとるためですが、十分スペースがある場合は、2芽以上残してもかまいません。剪定後は実がなったときの姿を考えながら、支柱やトレリスなどに誘引します。

仕立て直し　整枝、剪定を行うときには、支柱やあんどんに誘引していたひもをすべて外し、新たに仕立て直しを行います。

一般的に、直立性または開張性のタイプは株仕立て、下垂性やほふく性のタイプは垣根仕立てが向きます。また、下垂性やほふく性のブラックベリーをあんどん仕立てやトレリス仕立て、ポール仕立て、吊り鉢仕立てにしても楽しいでしょう。

結果習性を知っておこう

果樹の冬季剪定をする場合、すべての花芽を切り取ってしまうと果実がつかないため、結果習性を理解したうえで剪定することが重要です。特にラズベリー、ブラックベリーをはじめとするキイチゴ類は、ほかの果樹とは異なる結果習性をもっているので注意が必要です。

まず、花芽は混合花芽といって、1つの芽の中に葉枝と花芽の両方をもっています。また、その分化期は一般的なもので7月から8月といわれています。

一季なり性のラズベリーとブラックベリーは、春に地下茎から出てくるサッカーや株元から発生するシュートが伸長して冬季の低温に当たったあと、結果母枝となり、翌春に結果母枝の芽から伸長する結果枝の先端に果実がつきます。この結果母枝と結果枝は結実後、冬までに枯死してしまいます。枯れた結果母枝は、その年の春に発生したサッカーやシュートに比べて色やつやが違うのですぐに判別できます。

一方、二季なり性のラズベリーは、結果母枝から発生した結果枝の先端に果実がつくのは一季なり性と同様ですが、さらに春に発生したサッカーが結果枝となって、秋にもその先端に果実がつきます。それで、年に2回収穫を楽しめるというわけです。秋に果実をつけたサッカーは翌年、結果母枝となって結果枝を発生し、初夏に果実をつけます。その収穫後は枯死するというサイクルを繰り返します。

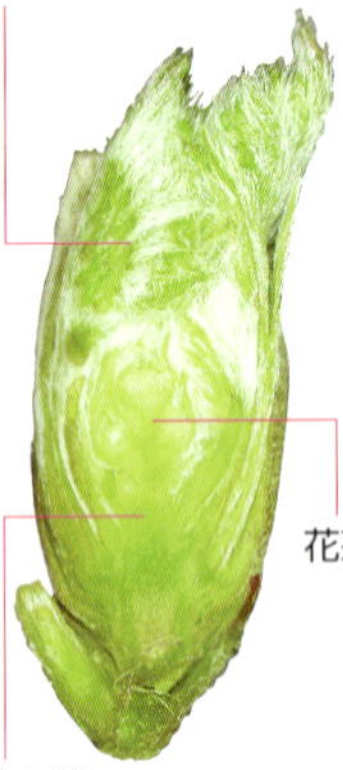
柔らかい葉が重なって花芽を包んでいる
花芽
結果枝の茎

ブラックベリーの混合花芽

P/H.Kunitake

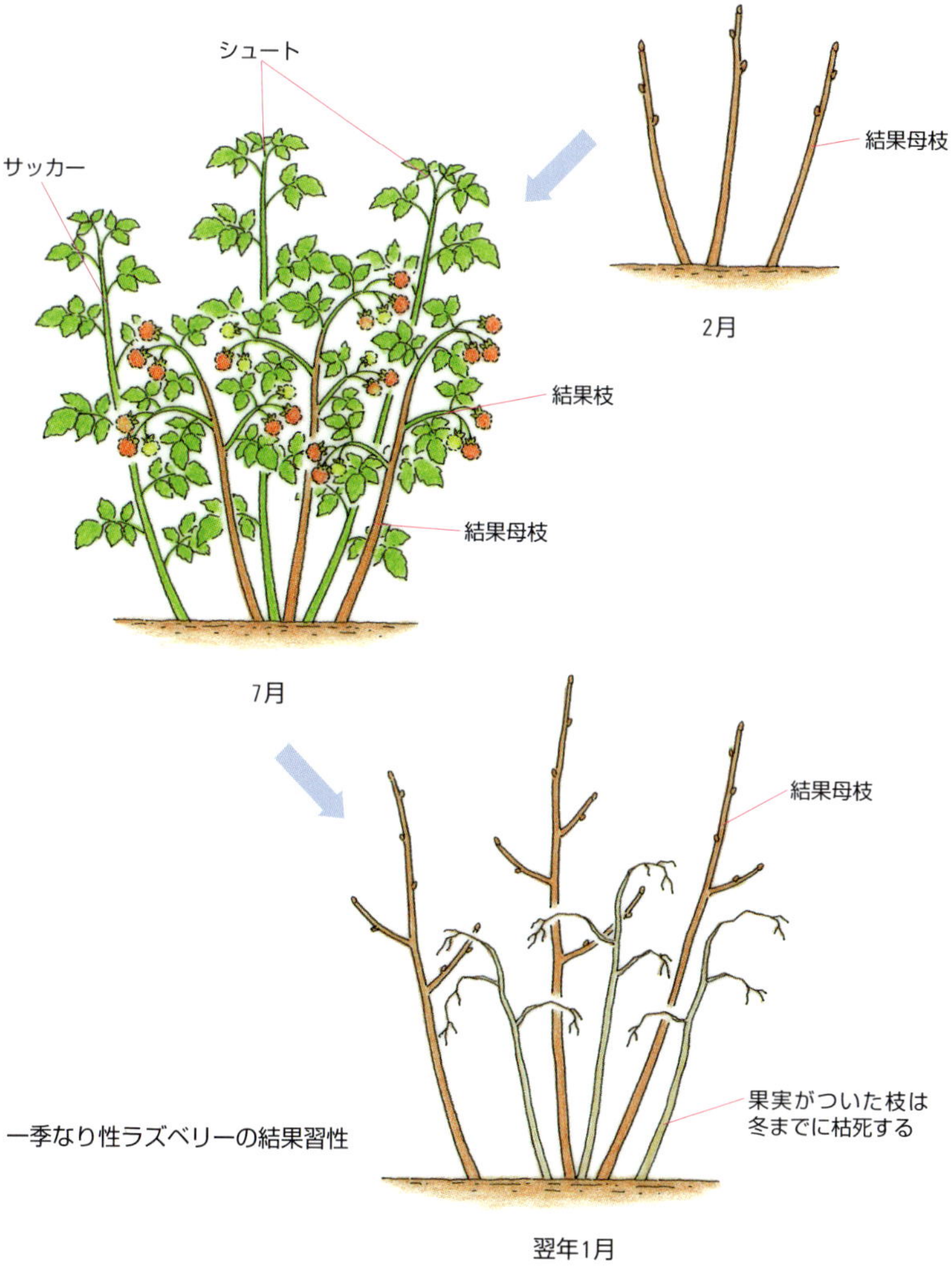

一季なり性ラズベリーの結果習性

冬季の整枝、剪定の基本（ラズベリー、ブラックベリー共通）

適期＝12月下旬～2月

株元から切る枝
果実をつけた枝は冬までに枯れ込むので、元から切除する

残す枝
黒くつやのある枝は翌年果実をつける結果母枝になるので、切り取らない

誘引と仕立て
すべての剪定が終わったら、支柱やフェンス、トレリスなどに仕立てを兼ねて枝を誘引する

側枝を切り詰める
結果母枝から出ている側枝は1～2芽を残して切り詰める

枯れ込んだ枝を整理する
結果母枝の先端が白く枯れ込んでいたら、枯れ込み部分を切り取る

P/JBP-S.Maruyama

仕立て方 1　株仕立て

JBP-S.Maruyama

株仕立てとは自然な樹形を利用して仕立てる方法です。直立性や開張性のラズベリーに向きます。

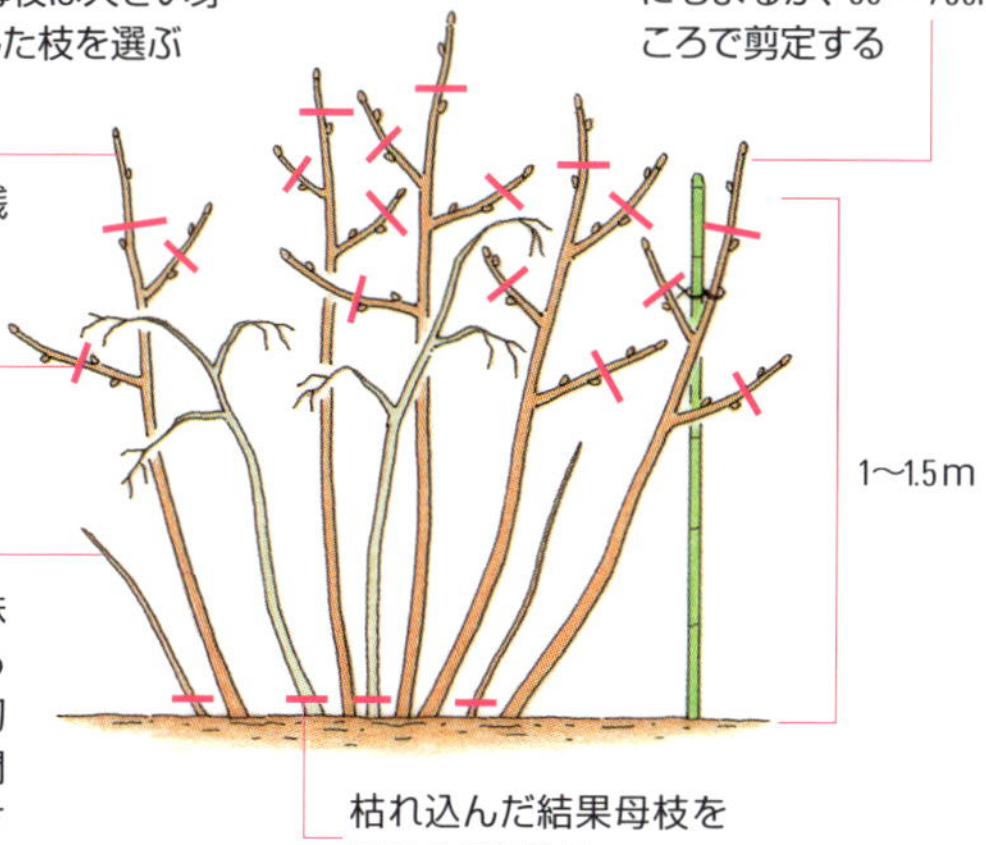
1株当たり5～6本の充実した結果母枝を残す。結果母枝は大きい芽をもつ、太く充実した枝を選ぶ
結果母枝の先端を株元から1～1.5m程度のところで剪定し、支柱などに誘引する。鉢植えの場合は鉢の大きさにもよるが、50～70cmのところで剪定する
側枝は1～2芽を残して切り詰める
1～1.5m
夏季の風通しや株の中へ光を入れるために、細い枝を切り取って適当な間隔があくようにする
枯れ込んだ結果母枝を元から切り取る

仕立て方 2　垣根仕立て

JBP-M.Fukuda

垣根仕立てとは、垣根やフェンスなどを利用して枝を誘引し、形を整える仕立て方です。フェンス仕立てともいいます。下垂性やほふく性のブラックベリーに向きます。イングリッシュガーデン風の庭のフェンスに這わせるとアクセントにもなります。

3〜4本の結果母枝を残して、1.5〜2mの長さに剪定する

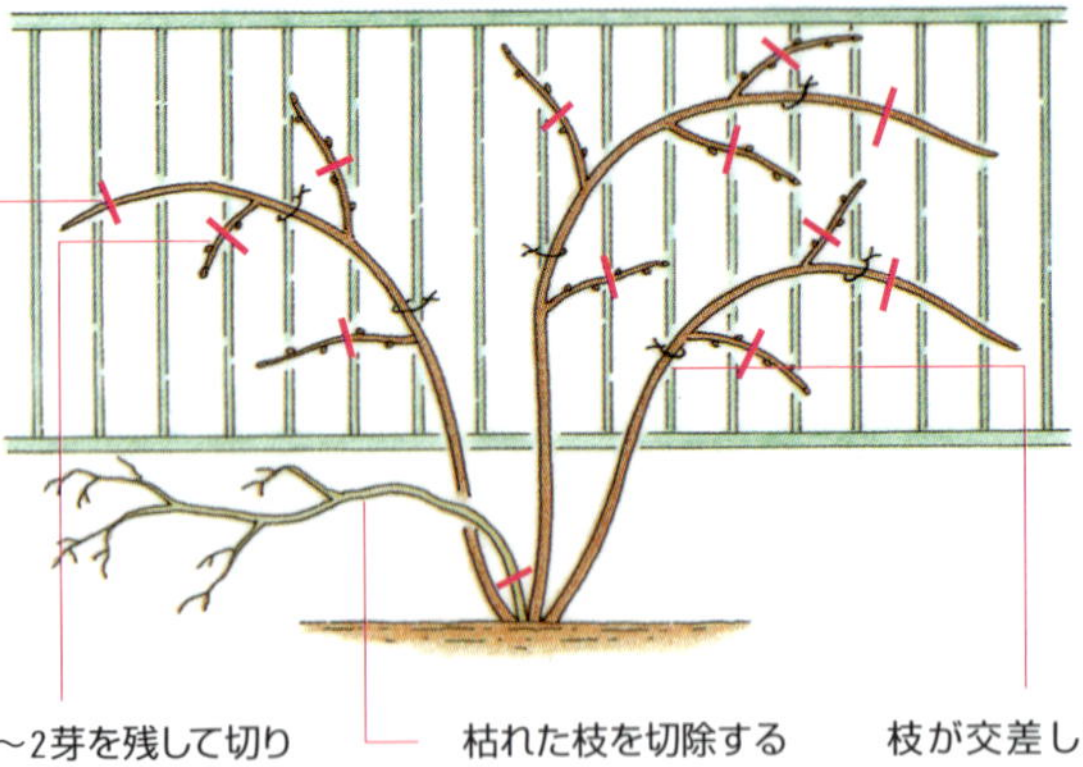

側枝は1〜2芽を残して切り詰める。それぞれの芽から結果枝が出てその先端に果実がつくので、にぎやかになる

枯れた枝を切除する

枝が交差しないようにバランスよく枝を配置させ、枝を30cmずつ誘引する

仕立て方 3　ポール（トルネード）仕立て

ポール仕立ては、枝を棒に巻きつける仕立て方です。下垂性やほふく性のブラックベリーの仕立てのなかでは最も簡単な方法です。誘引時に側枝をすべて除去しますが、結果母枝の芽から枝が伸び、下のほうにも果実がつきます。

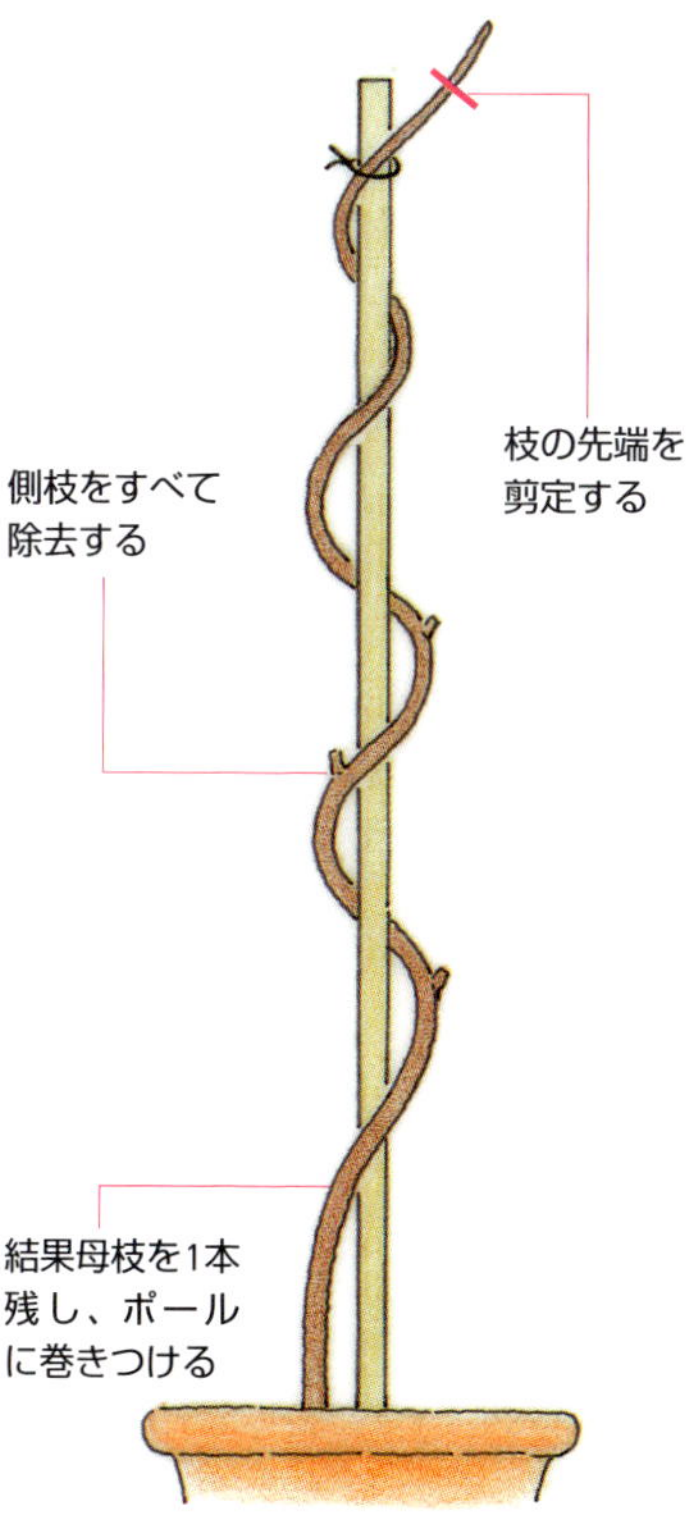
枝の先端を
剪定する
側枝をすべて
除去する
結果母枝を1本
残し、ポール
に巻きつける

仕立て方 4　あんどん仕立て

あんどん仕立ては、市販のあんどん支柱を使って、円形に仕立てる方法です。下垂性やほふく性のブラックベリーの鉢栽培に適しています。あんどん仕立てにした実つきブラックベリーの鉢植えも販売されています。

ARS

結果母枝を1～2本残してほかの枝を根際から剪定する
側枝を1～2芽残して切り詰める
あんどん支柱を立てて誘引する
弱々しいシュートは切り取る
枯れた枝を切り取る

あんどんの仕立て直し

冬までに前年に果実をつけた枝が枯れ、姿が乱れてきますので、毎年12月下旬から2月の休眠期に支柱を外して、仕立て直しを行いましょう。

枯れた枝が残ったままの状態

誘引ひもを解き、あんどん支柱を外して、34ページの要領で整枝、剪定をする

外した支柱を鉢に戻し、剪定後の結果母枝を支柱に誘引する

仕立て方 5　トレリス(ラティス)仕立て

トレリス仕立ては、市販のトレリスやラティスに沿って誘引します。さまざまな形や大きさのトレリスがあるので、ラズベリー、ブラックベリーのどの品種でも楽しむことができます。苗の植えつけと同時に仕立てる方法は、3月の54ページを参照してください。

JBP-Y.Itoh

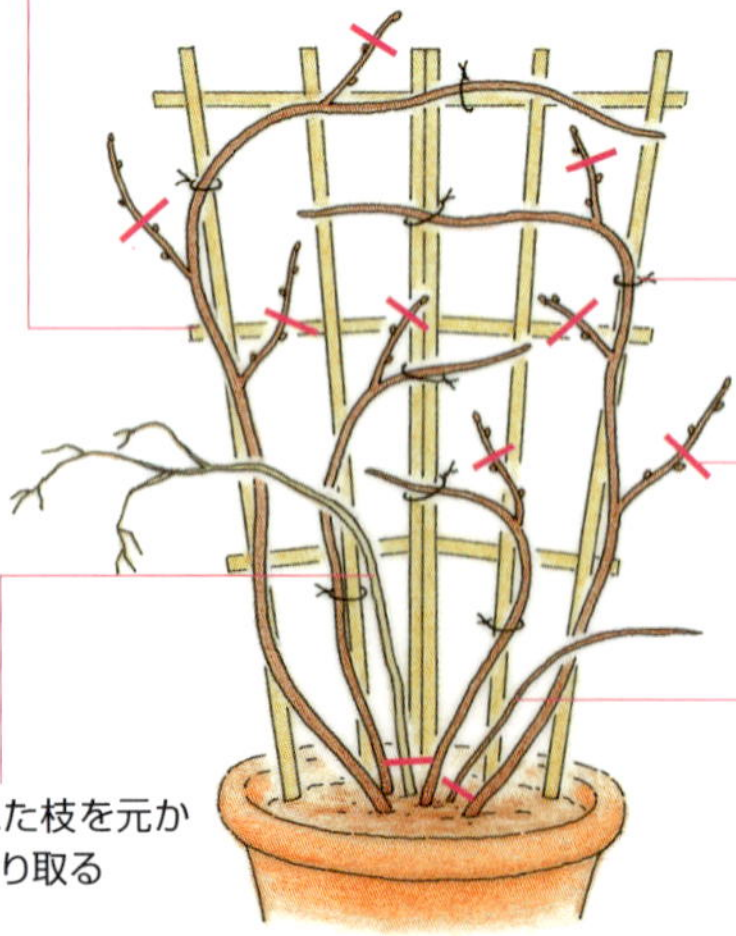
鉢や株の大きさに合わせて結果母枝を数本残してほかの枝を根際から剪定する
枝が交差しないようにバランスよくトレリスに誘引する
側枝は1〜2芽残して切り詰める
枯れた枝を元から切り取る
弱々しいシュートは切り取る

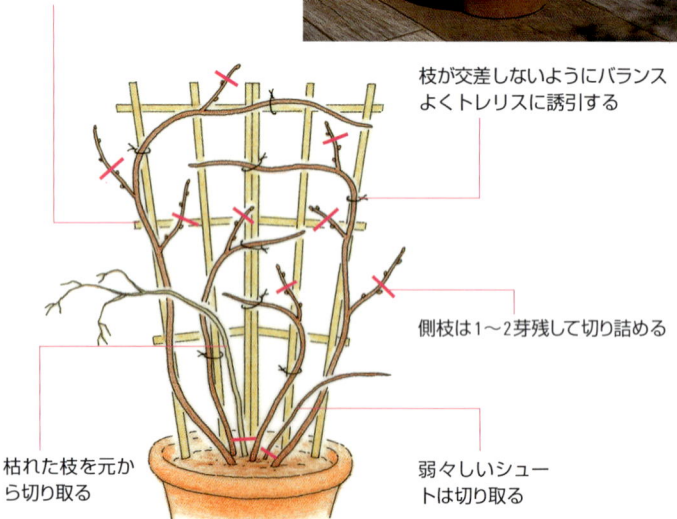

トレリスの仕立て直し

ほかの仕立て方も同様ですが、1年たつとだいぶ姿が乱れてきますので、12月下旬から2月の間にトレリスを外して、仕立て直しを行います。

枯れた枝が残ったままの状態

誘引ひもを解き、トレリスを外して、34ページの要領で整枝、剪定をする

トレリスを鉢に戻し、剪定後の結果母枝を誘引する

仕立て方 6　吊り鉢（ハンギングバスケット）仕立て

ほふく性のブラックベリーは、吊り鉢でも楽しむことができます。コンパクトにまとまるので、ベランダなどの小さなスペースにおすすめです（79ページ参照）。シュートが長くなりすぎたら、夏季にバスケットの2倍ぐらいの長さで切り詰めましょう。

3～4本の結果母枝を残して針金で作製したアーチ状の支柱に誘引する。こうすると葉が展開したときにボリューム感が出る

ブラックベリーのウォールガーデニング

外構の壁やフェンスなどをうまく利用する「ウォールガーデニング」があちこちで見受けられるようになりました。熊本県のあるお宅では、木製のトレリスとブラックベリーを使って、殺風景なコンクリート壁を変身させていました。

上の写真のように仕立てるには、高台にある庭から壁沿いに結果母枝を下方向に伸ばし、ただ伸ばしただけでは風などで絡まってしまうので、大型のトレリスを使って誘引します。果実の収穫時期にはご近所のうわさになることでしょう。

H.Kunitake

ブロック塀の上から枝を垂らしたウォールガーデニング

ARS

2 月

2月までに冬季の整枝、剪定の作業を終わらせましょう。また、これから伸びてくる結果枝やサッカー、シュートなどの栄養枝のために元肥を施しましょう。植えつけて2年以上たったラズベリーは、結果母枝を利用して株分けをすることもできます。

木質化が進み、皮がはがれたラズベリーの結果母枝

2月のラズベリー、ブラックベリー

ほとんどの品種はまだ休眠しています。よく育ったラズベリーでは枝の木質化が進み、茎の基部の皮がはがれてくるのも見受けられます。

●庭植えの管理

水やり　必要ありません。

肥料　元肥として三要素等量の緩効性化成肥料を1株当たり100g程度施します。

●鉢植えの管理

P/H.Kunitake

置き場　戸外の日当たりのよい場所に置きます。

水やり　鉢土の表面が乾いたら水やりをします。

肥料　元肥として三要素等量の緩効性化成肥料を鉢の大きさにもよりますが、6号鉢で10g程度施します。

●主な作業（庭植え・鉢植え共通）

整枝、剪定　今月までがこの作業の適期です。1月までにできなかった場合には、今月末までに行います（31～42ページ参照）。

肥料　萌芽する前に元肥として緩効性化成肥料を施します。施肥の方法は、庭植えも鉢植えも株元や1か所だけにまかず、全体にまくようにします。特に庭植えの場合は根が土中に広がっているので、サッカーの出ている位置を確認しながら、その樹冠の下全体にまきます。

鉢植えの施肥

庭植えの施肥

3月

3月は苗木の購入と植えつけの適期です。新しい種類や品種にも挑戦してみましょう。鉢植えのラズベリーで結果母枝が数本になっているものは株分けもできます。新梢が伸び始める前までに、植えつけや株分けの作業を終わらせましょう。

ブラックベリーの萌芽　H.Kunitake

3月のラズベリー、ブラックベリー

長い休眠から覚め、結果母枝からは結果枝となる黄緑色の新芽が展開してきます。また、地際からはシュートやサッカーが出てきます。まさに春を感じさせてくれる瞬間です。九州などの暖地では3月末ともなると、同じキイチゴの仲間のクサイチゴ、ヒメバライチゴ、カジイチゴなどの野生種が少しずつ開花期を迎えます。

●庭植えの管理

水やり　必要ありません。

肥料　2月に元肥を施せなかった場合は、今月中に緩効性化成肥料を施します（45ページ参照）。

●鉢植えの管理

置き場　戸外の日当たりのよい場所に置きます。

水やり　鉢土の表面が乾いていたら水やりをします。

肥料　2月に元肥が施せなかった場合には今月中に緩効性化成肥料を施します（45ページ参照）。

●主な作業（庭植え・鉢植え共通）

苗木の購入

①よい苗の選び方

　ラズベリーやブラックベリーの苗木は、秋から早春にかけて通信販売や園芸店で購入することができます。品種を指定して購入する場合には通信販売が便利ですが、最近は園芸店で販売されるポット苗にも品種名を明記したものがふえています。

　ポット苗は株分けやさし木、とり木でふやした1～2年生苗がほとんどです。茎が太く、根がしっかりとポット内に張っているものを選びましょう。今年の結果母枝が多く立っているものは根の張りがよいようですが、鉢によっては

JBP-N.Kamibayashi

園芸店などで販売されるポット苗

前年の結果母枝が残っている場合もあるので気をつけましょう。

② 地域に適した種類や品種を選ぶ

ラズベリー、ブラックベリーは栽培適地に違いがあるので、庭植えでは地域に合った種類や品種を選ぶことが重要です。

ラズベリーは耐寒性が強く、夏季が冷涼な地域に適し、リンゴの栽培適地と類似しています。また、ラズベリーには一季なり性と二季なり性の品種がありますが、秋に台風が多い地域では、二季なり性の品種は移動しやすい鉢植えにしたほうがよいようです。

一方、ブラックベリーは耐寒性がやや弱く、夏季の気温が高く、雨量が多い暖地の気候に適しています。ブラックベリーの栽培適地はミカンと類似しています。

鉢栽培は置き場所や土を選ぶことにより、幅広い地域でさまざまな種類や品種を栽培することができます。

③ 1本でも実のなる果樹

多くの果樹の仲間は異なる品種を1本ずつ植えないと結実しませんが、ラズベリーやブラックベリーは自分の花粉で結実できるので、苗木を1本購入するだけで果実を楽しむことができます。

鉢植えのラズベリーの株分け　ラズベリーの株分けは、休眠した結果母枝を利用する方法（適期＝2～3月、56ページ参照）と、新しく伸びたサッカーを分ける方法（適期＝4月、61ページ参照）があります。株分けをしないで鉢栽培を続けると、根詰まりを起こし、サッカーやシュートの発生が減少して枯死してしまいます。鉢にたくさんの枝が出ていたら、2年に一度植え替えを兼ねて株分けをしましょう。

ラズベリー、ブラックベリーのとげ

ラズベリーやブラックベリーをはじめとしたキイチゴ類には、ほとんどの種類に小さなとげがあります。植物のとげは茎や葉が変形したもので、動物から身を守るために進化してきたともいわれていますが、はっきりしたことはわかりません。ミカンの仲間にも実生の時期にとげが発生しますが、木が古くなるとだんだんなくなってきます。

ところが、ラズベリーなどではなかなか消えることがありません。

植えつけ、剪定などの作業を行うときは、鋭いとげでけがをすることがあるので、必ず手袋を着用しましょう。ブラックベリーでは、最近はとげなしの品種も出てきているので、とげが気になる方にはおすすめです。

ラズベリーのとげ

ブラックベリーのとげ

エゾイチゴのとげ

クマイチゴのとげ

鉢への植えつけ（ラズベリー、ブラックベリー共通）

適期＝3月

準備するもの

ラズベリーまたはブラックベリーの4～5号ポット苗（写真はラズベリーの‘インディアンサマー’）、6～8号の鉢、赤玉土小粒（Ⓐ）、腐葉土（Ⓑ）、川砂（Ⓒ）、ゴロ土（Ⓓ）、スコップ、支柱、誘引ひも、剪定バサミ、ジョウロ、三要素等量の緩効性化成肥料（Ⓔ）

鉢底穴を鉢底網でふさぎ、ゴロ土を敷く

赤玉土小粒6、腐葉土3、川砂1をよく混ぜた配合土を鉢の⅔程度まで入れる

ポットから苗を抜き、根を傷めない程度に手で軽く根鉢をほぐす

根を広げるようにして鉢の中に据える

配合土を足し、ウォータースペースを残すようにして浅く植えつける

萌芽後の伸長を促すために、枝先を$\frac{1}{3}$程度剪定する。このとき、芽のすぐ上で切るようにする

株がぐらつかないように支柱を立て、枝を誘引し、誘引ひもで支柱に枝を留める。芽の上でひもを結ばないようにする

緩効性化成肥料を10〜20g程度、鉢土にばらまく

植えつけ完成。鉢底から流れ出るくらいたっぷりと水を与える

 P/JBP-N.Kamibayashi

庭への植えつけ（ラズベリー、ブラックベリー共通）

適期＝3月

準備するもの

ラズベリーまたはブラックベリーのポット苗（写真は黄ラズベリーの'ファールゴールド'）、腐葉土、赤玉土小粒、堆肥、スコップ、支柱、誘引ひも、剪定バサミ、ジョウロ、三要素等量の緩効性化成肥料

日当たりのよい場所に直径40cm、深さ30cm程度の植え穴を掘る

掘り上げた土を5として、腐葉土3、赤玉土小粒1、堆肥1の割合でよく混合する

②の配合土を植え穴の⅔程度まで戻す

ポットから苗を抜き、根を傷めない程度に手で軽く根鉢をほぐす

鉢植えと同様に根を広げるようにして苗を植え穴に固定し、配合土を戻す。深く植えすぎないようにする

⑥

萌芽後の伸長を促すために、枝先を1/3程度剪定する。このとき、芽のすぐ上で切るようにする(51ページ参照)

7

支柱を立てて株を誘引し、緩効性化成肥料を50g程度、株元にばらまく

8

たっぷりと水を与える

⑨

植えつけ終了

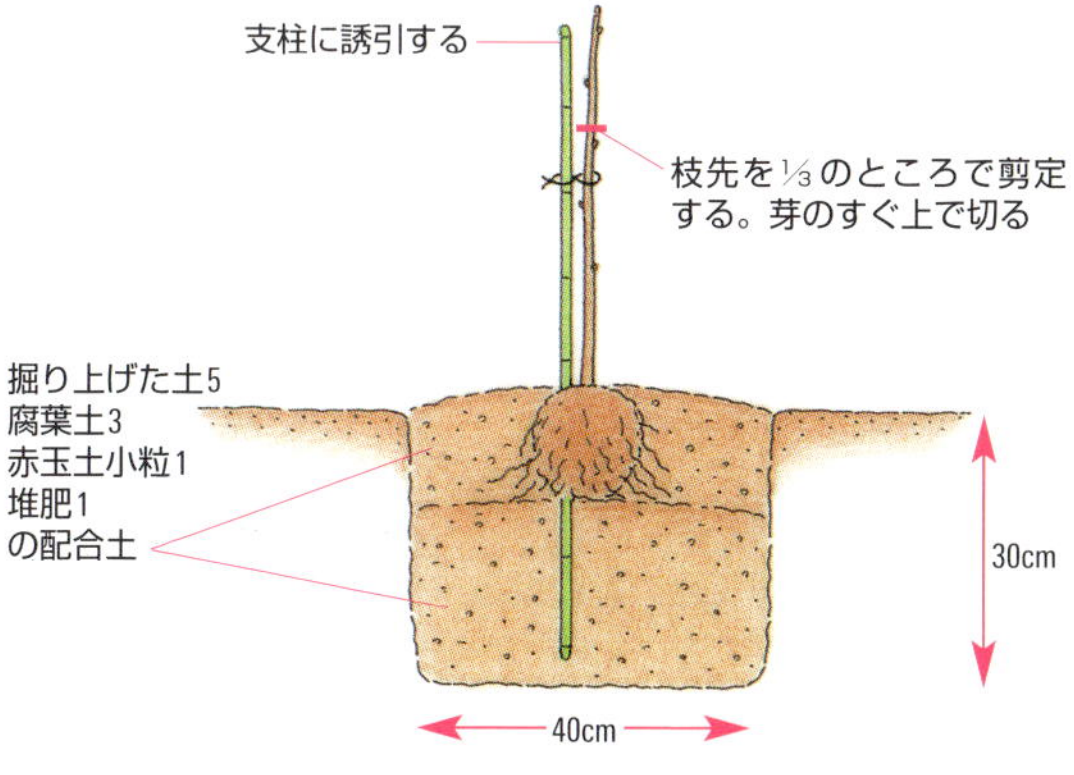
支柱に誘引する
枝先を1/3のところで剪定
する。芽のすぐ上で切る
掘り上げた土5
腐葉土3
赤玉土小粒1
堆肥1
の配合土
30cm
40cm

 P/JBP-N.Kamibayashi

大鉢のトレリス仕立てをつくってみよう

ラズベリー、ブラックベリーの大鉢仕立ては、豪華さと果実の可憐さを兼ね備え、見る人の目を引きつけます。また、大株になるので収量もふえます。大鉢仕立てをつくる際、なかなか大株が市販されていないので、3～5株の小苗を寄せ植えにしましょう。ブラックベリーは成長が早いので、植えつけた年から収穫することができます。

準備するもの

ラズベリーまたはブラックベリーの3号ポット苗3つ（写真はブラックベリーの‘ボイセンベリー’）、12号の鉢、赤玉土小粒（Ⓐ）、腐葉土（Ⓑ）、川砂（Ⓒ）、ゴロ土（Ⓓ）、スコップ、トレリス、誘引ひも、剪定バサミ、三要素等量の緩効性化成肥料（Ⓔ）など

鉢底穴を鉢底網でふさぎ、網が隠れる程度にゴロ土を敷く

赤玉土小粒6、腐葉土3、川砂1をよく混ぜた配合土を鉢の⅔程度まで入れる

鉢にトレリスを据える

ポットから苗を抜き、根を傷めない程度に手で軽く根鉢をほぐす

根を広げるようにして、トレリスに沿って苗を鉢の中に並べる

配合土を足して苗を植えつける

トレリスに枝を誘引し、誘引ひもで留める。芽の上でひもを結ばないようにする

結果枝が伸びたときに絡まったり、枝が交差しないようにバランスよく誘引する

根際から出ている枯れた枝や短い結果母枝を元から切り取る

緩効性化成肥料を10～20g程度、鉢土にばらまく

乾燥防止のために鉢土の上にバークを敷く

鉢底から流れ出るくらいたっぷりと水を与える

植えつけが完成。今年の夏から収穫が楽しめる

結果母枝を利用したラズベリーの株分け

適期＝2～3月

結果母枝が多く発生している株を用意する

鉢穴から根鉢を押して鉢から株を取り出す

根を傷つけないよう注意しながら、手で結果母枝1～2本ずつの株に分ける

鉢の準備をする（50ページ参照）

鉢に苗を植えつける（50～51ページ参照）

緩効性化成肥料を10～20g程度、鉢土全体にばらまき、鉢底から流れ出るくらいたっぷりと水を与える

株分けをして株をふやせば収量もアップ！

P/JBP-S.Maruyama

Let's Try! 1

タネまき

適期＝3月下旬〜4月（ポット上げ6〜7月）

前年の夏に採種して層積処理したタネをまいてみましょう。タネの採種と層積処理の方法は78ページを参照してください。

床土（バーミキュライト単用）に0.5cm程度の深さでタネをまく。新しいバーミキュライトで軽く覆土をする

十分に水やりをしてから日陰に置く。水やりは1日1回行う。早いものでは2週間ぐらいで発芽する

梅雨期の6月から7月に高さが10cm程度になったら、ポット上げを行う。植えつけは赤玉土小粒6、腐葉土3、川砂1の配合土を使用。作業中に根を傷めないように注意する

秋までに30cm以上の大きさになれば、翌年には少量の実が楽しめる

4月

新梢が伸び始めるので、株を整えるために結実した状態を想像しながら、込み合った結果枝や株元から発生したシュート、サッカーを剪定します。また、ラズベリーは新しく発生したサッカーで株分けすることができます。

伸び始めたラズベリーの新梢　*H.Kunitake*

4月のラズベリー、ブラックベリー

気温が上昇し、結果母枝から出てきた新梢（結果枝）が勢いよく伸び始めます。早いものでは先端に花芽がつき、開花する品種もあります。

また、株元からはシュートが伸び始め、ラズベリーの古い株では2m以上も離れたところからサッカーが出てきます。

●庭植えの管理

水やり　必要ありません。

肥料　施しません。

●鉢植えの管理

置き場　戸外の日当たりのよい場所に置きます。

水やり　1日1回水を与えます。特に幼木は乾燥しないように注意します。

肥料　施しません。

●主な作業（庭植え・鉢植え共通）

整枝、剪定　ラズベリーの'スキーナ'や'サウスランド'のように地下茎からたくさんのサッカーが発生するものは、そのままほうっておくと雑草化するので、株の大きさや仕立て方にもよりますが、翌年（二季なり性品種では当年の秋）の結果母枝5～6本を残して、それ以外は4月から5月に切り取ります。

　特にラズベリーの古い株ではサッカーが株元から2m以上も離れたところから出てくることがあります。いろいろな植物を植えている庭ではバランスがくずれますので、早めに整理しましょう。

　'ボイセンベリー'のようなほふく性のブラックベリーでは、株元からたくさんのシュートが出てきます。これらの枝のほとんどは来年果実がなる枝ですが、来年利用するもの以外は切り取ります。株の大きさや仕立て方にもよりますが、3～5本は結果母枝を残すようにします。

ラズベリーの株分け　ラズベリーは植えつけて2年以上たつと、地下茎が株から2m以上にも広がります。4月になるとサッカーがおう盛に伸び出してくるので、このサッカーを利用して株分けをすることもできます。ラズベリーは一般的にさし木が難しいので、サッカーを株分けして苗木にする場合が多いようです。

春の整枝、剪定（ラズベリー、ブラックベリー共通）

適期＝4月

伸びた結果枝やシュート、サッカーが繁茂した状態。このままにしておくと病虫害の発生の原因にもなる

来年の結果母枝にする以外のサッカーを根元から切り取る

シュートも同様に、来年の結果母枝にする以外は根元から切り取る

剪定後。結果枝と交差するシュートも半分程度で切り詰め、バランスをとる

庭植えも同様に、来年の結果母枝にする以外のシュートまたはサッカーを元から切り取る

サッカーを使用したラズベリーの株分け

適期＝4月

①株から離れたところに出るラズベリーのサッカー。株分けをするには充実したサッカーを選ぶ

②なるべく多く根をつけて掘り上げる。できるだけ根に土をつけておく。掘り上げた株は50～51ページを参照して鉢に植えつける

 P/JPB-S.Maruyama

Let's Try! 2

交配でオリジナルの品種をつくる

適期＝4～6月

ラズベリー、ブラックベリーなどのキイチゴの仲間は、種の違うものどうしを交配することによって、雑種（種間雑種）をつくることができます。うまくいけばおもしろい形や味をもつ新しいラズベリー、ブラックベリーが誕生するかもしれません。ぜひ挑戦してみましょう。

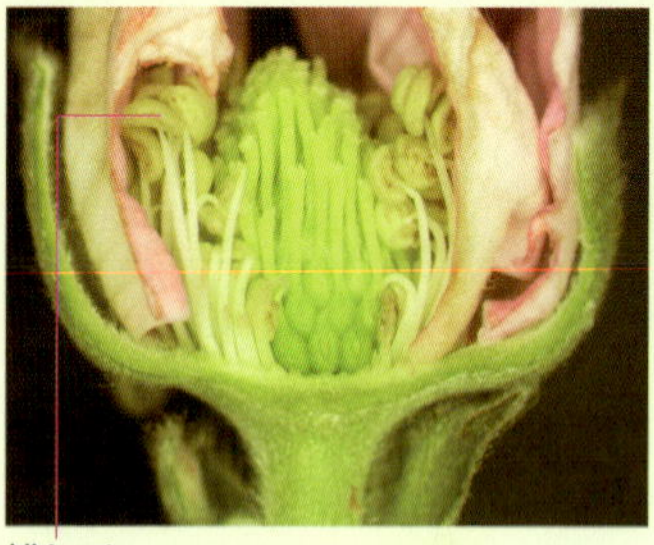

雄しべ

開花前日ぐらいのしっかりした花（花弁が少し見える程度のもの）を採取する

ピンセットで雄しべを採取する

室内で1日程度乾燥させる。雄しべが開いたらパラフィン紙の袋に入れる。乾燥剤とともに瓶に入れ、冷凍庫で維持すれば約1か月保存ができる。開花期の違うキイチゴを交配するときに便利

開花前日ぐらいの別の品種の花を選び、すべての花弁と雄しべをピンセットで取り除く

綿棒に③で採取しておいた花粉を付着させ、やさしく雌しべにつけて受粉させて人工受粉をする

受粉が終わったら、ほかの花粉がつかないようにパラフィン紙の袋（20×15cm程度）をかけ、袋が落ちないようにホチキスで留める。袋が風で飛ばないように、なるべく風の当たらない場所に置く

※交配した果実が成熟したらタネを採種し、層積処理後、タネまきをする。タネの採種と層積処理は78ページ、タネまきの方法については57ページを参照

※たくさん交配を行うときは、ピンセットにさまざまな花粉がつく可能性があるので、交配の組み合わせが変わるときは、ピンセットをアルコールで洗浄する

ラズベリーとブラックベリーを交配した実生苗

日本独自のラズベリーをつくる

ラズベリーやブラックベリーの栽培種のほとんどが、アメリカなどの海外で育種されています。そのため、必ずしも日本の気候が栽培に適しているわけではありません。

日本にもラズベリー、ブラックベリーの仲間であるキイチゴの野生種が自生し、甘く、タネの小さな生食向きのものが多数あります。

宮崎大学農学部では、これらのラズベリーと暖地性在来野生種を交雑することで、暖地でも栽培しやすく、健康機能性の高い、日本独自の新品種の育成を目指しています。

ラズベリーは、クサイチゴやナガバモミジイチゴなどの多くの在来野生種との雑種を育成することができます。その一例として、二季なり性のラズベリー品種に、環境適応性が広く、ほふく性のナワシロイチゴを交配した種間雑種が誕生しました。香りがよい赤い果実が鈴なりになり、病気にも強く、ほふく性で観賞価値も高い種類です。日本のラズベリー産業を大きく発展させる品種になるかもしれません。

ラズベリーとナワシロイチゴの種間雑種の花と果実

P/H.Kunitake

葉のいろいろ

ラズベリー、ブラックベリーをはじめとするキイチゴ類の葉の形は、種類によって大きく異なり、また同じ株のなかでも葉がつく場所によって形に違いがあります。

サッカーやシュートには3枚から7枚の小葉をもつ成葉をつけますが、多少小葉のつき方が異なります。同じキイチゴ類のカジイチゴやフユイチゴなどは単葉（3～7片の中裂）で、葉の表面に光沢があり、観賞価値の高い種類です。

フユイチゴの葉

JBP-Y.Itoh

ブラックベリーの斑入り葉

クサイチゴの葉

カジイチゴの葉

ブラックベリーの葉

ラズベリーの葉

5月

結果枝が伸びてくるので、風などで折れないように支柱に誘引します。ブラックベリーはフェンスやあんどんへの誘引を適宜行います。ミツバチなどの昆虫が少ない場所では、人工受粉も大切な作業です。また、雑草が目立つようになるので除草を行います。

ブラックベリーの受粉を助けるミツバチ　*JBP-Y.Itoh*

5月のラズベリー、ブラックベリー

本格的な花のシーズンを迎えます。結果枝の先端に白や淡いピンクの花が見られます。早生の品種では受精が完了し、果実の肥大が始まります。

4月に来年の結果母枝として残した栄養枝は、勢いよく伸び始めます。また、日ざしが強くなり、気温が上昇するとともに葉の色が濃くなり、株全体が充実してきます。

●庭植えの管理

水やり　乾燥が続く場合に水を与えます。

肥料　施しません。

誘引　ラズベリーは結果枝が風などで折れやすいので、長く伸びた枝は誘引を行います。また、ブラックベリーはシュートが伸びてくるので、結実を妨げたり、樹姿のバランスをくずさないように誘引します。

除草　雑草が生えてくるので、草取りをこまめに行います。バークチップなどで株元にマルチングすると、雑草を防ぐことができます。

●鉢植えの管理

置き場　戸外の日当たりのよい場所に置きます。

水やり　1日1回水を与えます。特に乾きやすく、先端がしおれるようであれば、バークチップなどでマルチングをするとよいでしょう。

肥料　施しません。

誘引　基本的には庭植えの管理と同様ですが、あんどん仕立てなどは早めに誘引しないと枝が曲がらないようになります。こまめに誘引しましょう。

除草　新しく萌芽したサッカーを引き抜かないように注意しながら、除草を行います。

●主な作業（庭植え・鉢植え共通）

摘花、摘果　前年の秋に植えつけた幼苗でも、ラズベリー、ブラックベリーは多くの花をつけ、結実します。ところが、幼苗の段階で多くの果実をつけると、木が弱り、サッカーやシュートの発生も抑制され、夏季の管理が悪いと株全体が枯死してしまうことがあります。

そこで、1年ぐらいは摘花、摘果を行い、木を成長させることを優先しましょう。ただし、リンゴやミカンのように、摘果が果実の肥大に影響することは少ないようです。自家受粉を確実にさせることのほうが、果実の肥大につながるようです。

人工受粉　ラズベリーやブラックベリーはすべて完全花で、自分の花粉で果実をつけることができる自家結実性の植物なので、1本だけでも果実を楽しむことができます。しかし、ミツバチなどの受粉を助ける昆虫が少ない場所では、雌しべ全体の受粉がうまくいかず、小さな果実になってしまいます。

　そこで、綿棒や耳かきの毛で花の中をかき回して、花粉が雌しべの先端の柱頭につくようにします。これにより、果実を着実につけることができます。

綿棒などで花の中をかき回して人工受粉を行う

摘花、摘果

適期＝5月

摘果

摘花

誘引

適期＝5〜6月

JBP-Y.Itoh

シュートが鉢の外にとび出しているあんどん仕立てのブラックベリー

主枝をしっかりと支柱に誘引する

側枝を誘引しながらあんどん支柱に巻きつける

 P/H.Kunitake

可憐な花を楽しむ

ラズベリー、ブラックベリーなどのキイチゴ類は、4月から6月にかけて白から桃色の花を咲かせます。

ラズベリーの花は小ぶりでかわいらしく、ブラックベリーは多くの花が約1か月にもわたって咲き続けます。特にブラックベリーの'マートンソーンレス'は濃桃色の大きな花つけ（24ページ参照）、観賞価値が高い品種です。

キイチゴ類の花は5枚の花弁をもち、多数の雌ずいと雄ずいをもっています。花の真ん中に花床と呼ばれる突起状の器官があり、そのまわりに雌ずいがついていて、受精後それぞれが小核果を形成し、キイチゴ類独特の果実である集合果を形成します（13ページ参照）。

JBP

ブラックベリーの花

ARS

ラズベリーの花

野生種の花

ナワシロイチゴ
Rubus parvifolius
独特なほふく性の樹姿に淡桃色の花が密集して咲く

カジイチゴ
Rubus trifidus
光沢のある緑色の葉と純白の花のコントラストが美しい

クサイチゴ
Rubus hirsutus
早春の荒れ野に人目を引く大輪の白花が咲く

ヒメバライチゴ
Rubus minusculus
林床に咲くやや小ぶりの白花が魅力的

ニガイチゴ
Rubus microphyllus
暖地の林床に生える。茎の白さと小花が印象的

オドラタス
Rubus odoratus
バラに似た大輪の花が咲く外国種。フラワーラズベリーと呼ばれる

H.Kunitake

グラデーションが美しい‘ボイセンベリー’の果実

6月

ラズベリーやブラックベリーの早生種の収穫時期です。完熟したものから収穫を行います。また、シュートやサッカーの伸長が盛んになるので誘引を行います。収穫が終わった株は、早めに夏季剪定を行ってもよいでしょう（83～85ページ参照）。気温や湿度が上昇し、病虫害が発生しやすいので、害虫は見つけしだい捕殺します。病気の葉はこまめに取り除きます。

6月のラズベリー、ブラックベリー

ラズベリー、ブラックベリーの果実は一度に成熟しないので、完熟したものから開花直後の幼果まで、さまざまな段階の果実が見られます。ブラックベリーの‘ボイセンベリー’や‘マートンソーンレス’では、未熟果は桃色から深紅色のグラデーションが美しく、観賞価値が高い品種です。一方、シュートやサッカーの伸長が盛んになり、果実がついている枝を隠すくらい大きく成長します。

●庭植えの管理

水やり　必要ありません。

肥料　施しません。

誘引　5月に引き続き誘引を行います。果実が肥大、成熟している株は剪定はしません。

除草　5月に引き続き除草を行います。

雨よけ　収穫期に雨が多い地域では、ビニールなどで雨よけを行います。

雨よけ

●鉢植えの管理

置き場　戸外の日当たりのよい場所に置きます。雨が続くときは、雨の当たらない場所へ移動させます。

水やり　1日1回水を与えます。雨が続くときは、過湿にならないように控えめにします。

肥料　施しません。

誘引　鉢植えと同様に誘引を行います。

除草　5月に引き続き除草を行います。

●主な作業（庭植え・鉢植え共通）

収穫　ラズベリーやブラックベリーの早生種は本格的な収穫期を迎えます。完熟した果実の色は品種によって赤色、黄色、黒色とさまざまですが、ともに完熟すると柔らかくなり、独特の香りが強くなります。傷みを避けるために、収穫は天気のよい日の朝または夕方に行います。

ラズベリーは、花托から容易に果実が離れるので（16ページ参照）、指先で軽くつまんで収穫します。完熟すると小果が離れやすくなる傾向があるので、やや早めに収穫すると完全な果実のまま食べることができます。

一方、ブラックベリーは果実が花托に固くついているので、形がくずれることはありませんが、強く触るとつぶれるので注意が必要です。収穫はハサミか、指先でていねいに果実をつみとります。

ラズベリーの収穫

庭植え株の収量は気候が適していると、ラズベリーの成木では500g、ブラックベリーの成木では1kgを超えることもあります。日もちしない果実なのですぐに生食するか、または冷凍保存します（97ページ参照）。

病虫害の防除　雨が多い地域では、果実に灰色かび病が発生します。灰色かび病は、果実の表面に灰色のカビがつき、最後は溶けるように腐る病気です。特に、雨にさらされたあとの過熟果で発生しやすい傾向があるので、適宜収穫および雨のかからない場所へ移動させることで予防します。

病気が発生している果実や葉を見つけたらすぐに除去します。また、この時期はショウジョウバエが発生します。完熟直前の果実に産卵し、食害するので、注意が必要です。

生の果実をひと工夫　旬を味わう

ラズベリーやブラックベリーはジャムやフルーツソースにして食べることが多いかもしれませんが、やはり旬を味わうということでは、生食が一番です。独特の酸味や香りはほかのベリーにはないものです。

果実を収穫したら、そのまま食べてもよいですが、ベリーのタルトやパフェなどに添えてアレンジしてみるのも楽しいでしょう。

アイスクリームに生の果実をのせて

料理やデザートのお皿に添えて

タルトやパフェのトッピングに

Let's Try! ❸

ブラックベリーのさし木

適期＝6～7月

ラズベリーやブラックベリーのふやし方は株分けやとり木が一般的ですが、一度にたくさん苗をふやしたい方のために、ブラックベリーの緑枝ざしについて紹介します。

春から夏にかけて出てくるシュートの先端部を20cm程度切り取り、余分な葉を落とす

採取したシュートを芽を1つずつつけて5cmぐらいに切り分け、3時間ほど水につける

ナイフで穂木の基部を切り落とす。切断部を乾かさないように作業する

切り落とした基部に発根促進剤をつける

さし床にはピートモスと赤玉土小粒を1：1の割合で混ぜ、水で湿らせておく。茎が柔らかく折れやすいので、さし床に事前に穴をあけ、穂木をさしていく。穂木が半分程度、土の中に入るようにする

さし終わったら、穂木のまわりの土を寄せて穴をふさぎ、穂木の上から十分に水やりをする。針金の支柱などを曲げて、ビニールで覆うための骨組みを立てる

さし床全体を透明なビニールで覆い、ビニール内の温度が上がらないように日陰に置いて、毎日霧吹きで水やりをする

H.Kunitake

さし木後、約2週間で穂木の基部からカルスが発生し、約1か月後には発根する。発根がそろった2か月後以降は、徐々にビニールを外す

H.Kunitake

翌春3月から4月にポット上げをする。さし木後2年くらいすると1m以上の株になり、果実も収穫できる

H.Kunitake

さし木をして2年目の株

Let's Try! ❹

タネの採種と層積処理

適期＝6月～8月

ラズベリーやブラックベリーはタネからふやすこともできます。タネまきで苗をふやした場合、元のラズベリーやブラックベリーとはやや性質が違う苗になってしまいますが、大きく変わるわけではないので、ぜひ挑戦してみてください。

また、ラズベリーやブラックベリーのタネは休眠する性質をもっているので、採種したタネをそのまままいても発芽しません。層積処理によって低温に当てることで休眠を解き、発芽できるようにします。

❶ 成熟した果実をキッチンペーパーや新聞紙などの上で押しつぶす

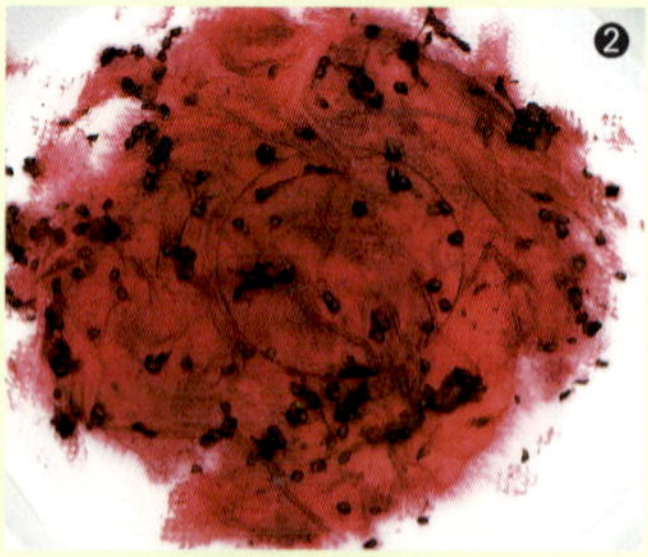

❷ 中から2mm程度のタネが出てくるので、タネだけを拾い上げ、水の中でタネのまわりについた果肉を洗い落とす

❸ 洗ったタネをキッチンペーパーや新聞紙の上に置き、1日程度乾燥させる

❹ タネをガーゼで包んで輪ゴムなどで縛り、湿らせたバーミキュライトが入った容器に入れる

❺ 完全に封をして冷蔵庫（4℃）で3か月以上保存する

※ タネまきの方法は57ページ参照

ベランダでブラックベリーを育てる

　ブラックベリーは庭植えでは大きな株になりますが、鉢植えだとコンパクトにまとまり、花だけでなく果実も楽しむことができます。

　ベランダは温度較差が激しい、乾燥しやすい、日陰になりやすいなどの悪い環境条件が多いのですが、目が行き届くので、細やかな管理がしやすいというメリットもあります。ハンギングバスケットに植えつければ、狭いベランダでも楽しむことができます。

　3月ごろに苗木を購入し、すぐにバスケットに植えつけると、4月下旬から花が咲き、5月下旬には果実を収穫することができます。

　緑色の果実が真っ赤になり、そして黒く成熟していくのを毎日身近に観察できるのは楽しいものです。軒のあるベランダは雨にさらされることも少ないので、病虫害の発生も少なくてすみます。

ベランダで育てている
ハンギング仕立ての
‘ボイセンベリー’

Let's Try! 5

夏季剪定で二季なり性ラズベリーの収量アップ！

適期＝6月

二季なり性ラズベリーでは、春に伸び始めたサッカーを½程度に切り詰めると、風通しがよくなるだけでなく、枝分かれして秋の収量アップにつながります。ただし、すべてのサッカーを切り詰めてしまうと株が弱ってしまうので注意します。また、地域によっても異なりますが、7月以降にサッカーの先端を剪定すると、花芽分化に間に合わず、秋の果実がつかなくなることがあります。

夏の果実
なるべく早い時期にシュートを½に切り詰めて分枝させる

夏の果実
分枝した枝の先端に秋の果実がつく

剪定2週間後

分枝して枝が2本に

剪定1週間後

わき芽が出てきた

ベリーのフラワーアレンジ

制作＝安倍一子［オープンガーデンいわて］

果実を味わうだけでなく、フラワーアレンジにも利用してみませんか？　すぐに大きくなる庭植えのブラックベリーなら、少し枝を切って飾っても惜しくありません。庭の草花を合わせてみましょう。

JBP-S.Maruyama

ブラックベリーは先端の果実が重いので、水を含ませた大小の炭を束ねて麻ひもで縛り、炭と炭の間に枝を差し込みます。トクサやギボウシの葉、ナデシコの花など、庭の草花を添えて、彩りを加えましょう。

7月

梅雨が明け、本格的な夏を迎えます。晩生種のブラックベリーは引き続き収穫時期です。6月に引き続き、完熟した果実はショウジョウバエの発生に注意します。収穫が終わった一季なりの早生種のラズベリーやブラックベリーは夏季剪定を行い、お礼肥を施します。

H.Kunitake

ブラックベリー‘マートンソーンレス’の果実

7月のラズベリー、ブラックベリー

晩生種のブラックベリーは成熟期を迎え、未熟な赤い果実から黒色の成熟果まで見ることができます。この春に発生してきた一季なり性ラズベリーのサッカーは中旬になると成長がゆるやかになり、翌年の花芽分化期に入っていきます。二季なり性ラズベリーのサッカーは、先端に秋果の花芽の準備が始まります。

●庭植えの管理

水やり　必要ありません。

肥料　収穫が終わった株にお礼肥として三要素等量の緩効性化成肥料を1株当たり50g程度施します。

除草　病虫害が発生する時期なのでこまめに除草を行い、風通しをよくして、予防に努めます。

●鉢植えの管理

置き場　戸外の日当たりのよい場所に置きます。

水やり　1日1～2回水を与えます。

肥料　収穫が終わった株にお礼肥として三要素等量の緩効性化成肥料を10g程度施します。

除草　庭植えと同様に、除草を行います。

●主な作業（庭植え・鉢植え共通）

夏季剪定　ラズベリーやブラックベリーでは、収穫が終了した結果母枝は徐々に衰弱して、冬には枯れてしまいます。そのままにして冬季剪定で除去してもよいですが、果実を収穫した部分が枯れ込み、病気の発生源になる可能性もあるので、先端部分は必ず切除しましょう。サッカーの伸長を妨げたり、風通しが悪くなるようであれば、株元から切除してもかまいません。また、来年の結果母枝として残した枝以外のあとから伸びてきたシュートやサッカーは除去します。

来年実をならせる枝（結果母枝）になるシュートまたはサッカーから出ている側枝は、1～2芽程度残して剪定します。株全体への日当たりと、風通しがよくなります。二季なり性のラズベリーではサッカーの先端に秋果がつくので、この時期になったら剪定は行いません。

お礼肥　お礼肥は翌年の果実をたくさん収穫するために重要な作業です。収穫が終わっても株をほったらかしにせずに、しっかりと肥料を施

夏季剪定（一季なり性ラズベリー、ブラックベリー共通）

適期＝ラズベリー6～7月、ブラックベリー7～8月

庭植え

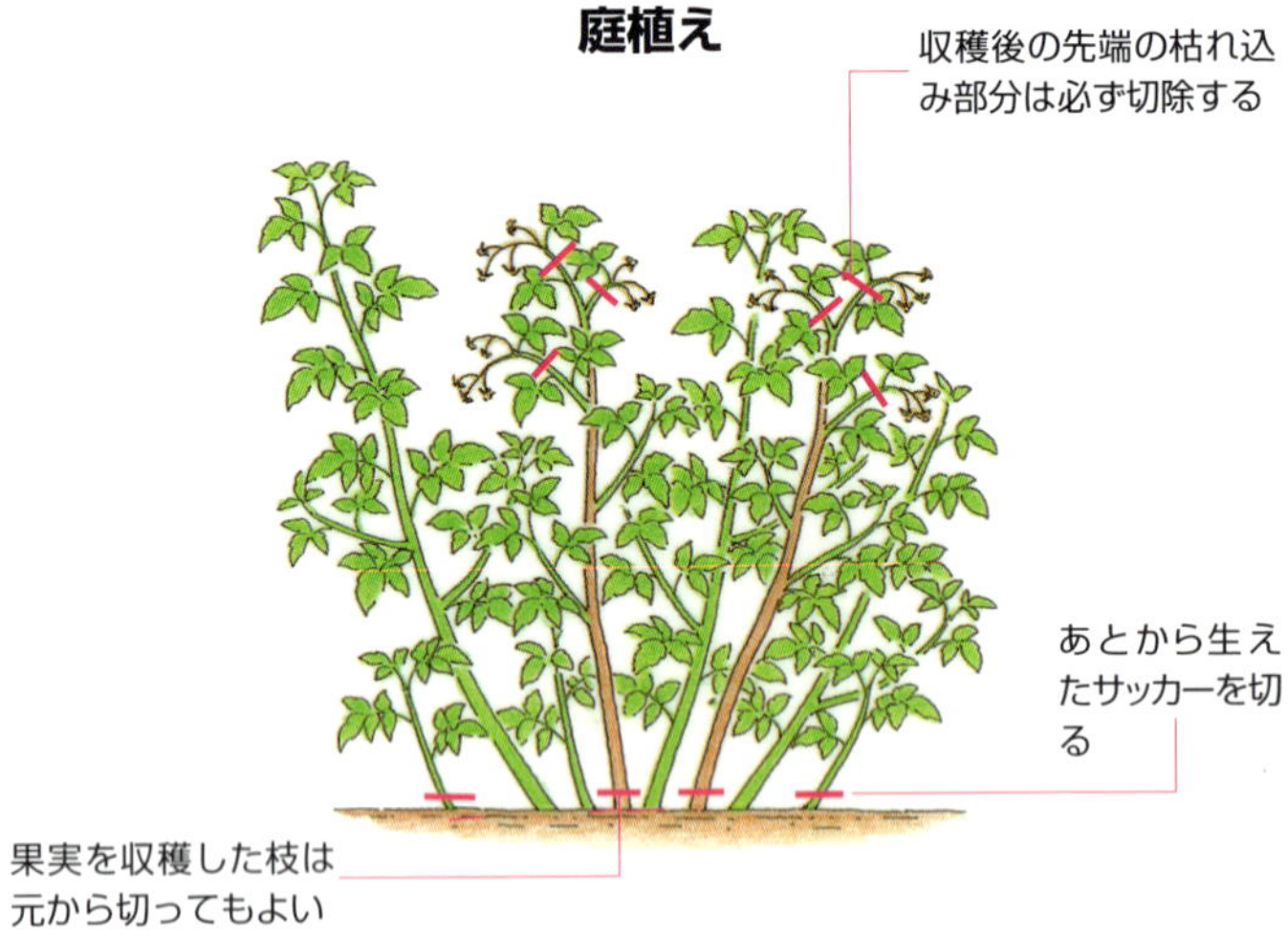

収穫後の先端の枯れ込み部分は必ず切除する
あとから生えたサッカーを切る
果実を収穫した枝は元から切ってもよい

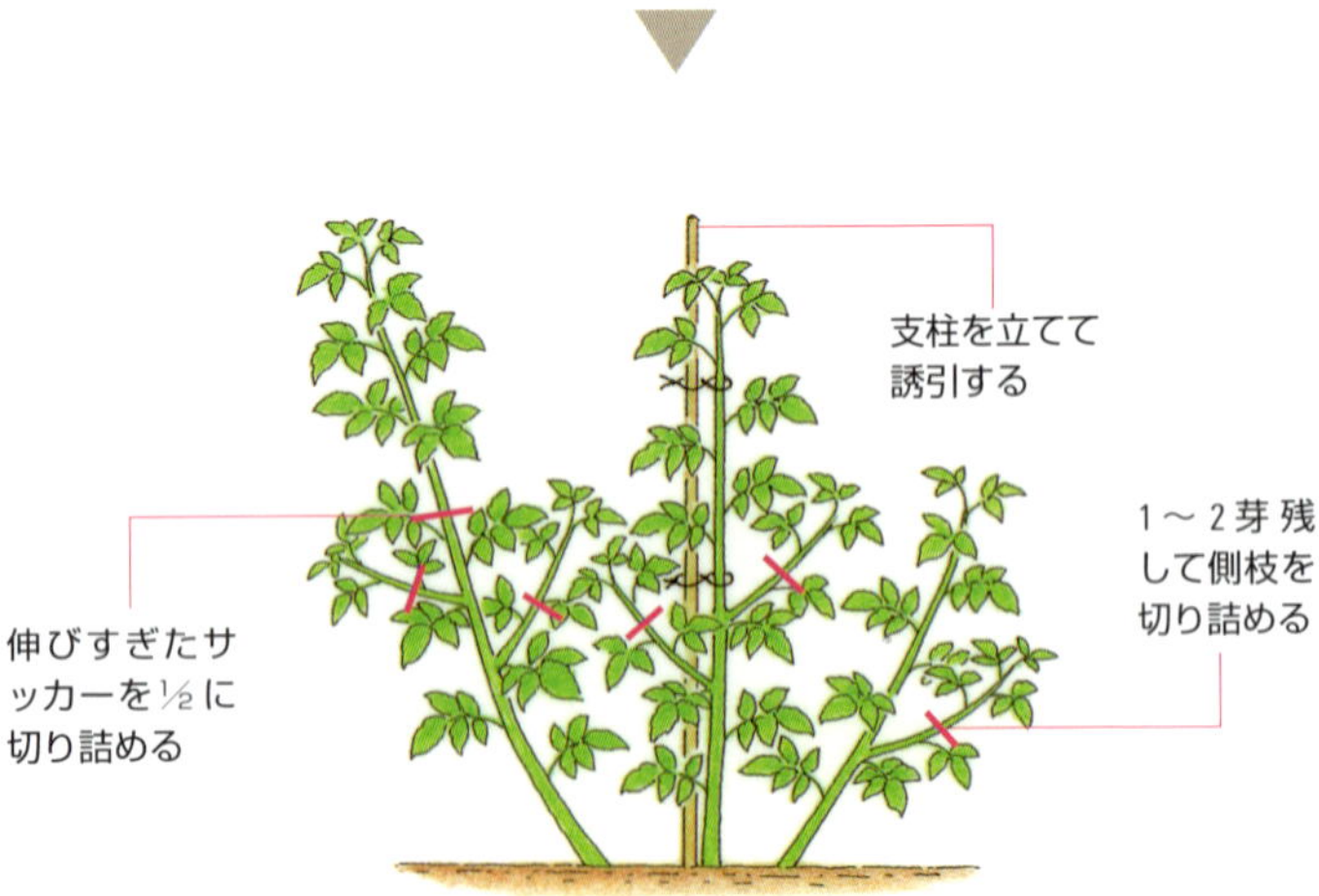

支柱を立てて誘引する
1～2芽残して側枝を切り詰める
伸びすぎたサッカーを½に切り詰める

鉢植え

来年実をならせる勢いのあるサッカー(ラズベリー)またはシュートを残す

収穫を終えた鉢植えのブラックベリー

果実を収穫した枝は冬までに枯れてしまうので早めに元から切り取ると病虫害の予防になる

あとから生えてきた小さなサッカー(ラズベリー)やシュート(ブラックベリー)は元から切り取る

7月

早めに$1/2$に切り詰めれば分枝をして収量がふえる

夏季剪定後。枝葉の数が減り、風通しがよくなった

 P/JBP-Y.Itoh

しましょう。

来年の結果母枝になる枝には青々とした葉がついており、この葉に元気を与え、光合成を行う機能を回復させて、夏の間に養分を少しでも多くため込めるようにします。基本的には、緩効性化成肥料を適量施しますが、株が弱っている場合にはチッ素分の多い速効性の液体肥料を施します。

JBP-Y.Itoh

鉢植えのラズベリーのお礼肥

留守中の鉢の管理

夏季は長期で外出する機会がふえ、留守中、鉢栽培しているラズベリーやブラックベリーの乾燥が心配です。特に7月から8月は来年の結果母枝の花芽分化期であり、株をしおれさせると落葉し、ひどくなると完全に枯死してしまいます。

しかし、ちょっとした工夫をすれば、数日間は水やりをせずに育てることが可能です。水を入れたバケツに鉢を入れる方法（腰水）や鉢ごと土に埋める方法のほか、最近では水道やタンクに取りつけるタイマーつきの給水器などが販売されています。いずれにせよ、どのくらい水分を維持できるのかあらかじめ試してから利用しましょう。また、帰ってきたら、株全体にたっぷりと水をかけましょう。

7月

ラズベリー、ブラックベリーの健康機能性が注目されています

果物はビタミン、ミネラル、有機酸などを含むだけでなく、糖尿病や大腸疾患に予防効果のある食物繊維、生活習慣病や老化を抑制するアントシアニン色素やポリフェノール類などの機能性成分を多量に含んでいます。

ラズベリーやブラックベリーの果実もその一つであり、ポリフェノールが豊富に含まれるほか、ビタミンC、ペクチンおよび鉄分も多く含まれています。また、ラズベリーの香気成分であるラズベリーケトンに脂肪燃焼作用があることが報告されています。

さらに、ラズベリー、ブラックベリーと同じキイチゴの中国在来種であるテンチャ（***Rubus suavissimus***）の葉に含まれる甘味成分のルブソシドにアレルギー抑制作用があるなど、興味深い報告もされています。キイチゴ類の機能性に関する研究が進むことで、ラズベリーやブラックベリーが今後さらに見直されることでしょう。

JBP-T.Narikiyo

健康機能性の研究対象として注目されているラズベリー

テンチャの葉

H.Kunitake

たくさん収穫したらつくってみよう！

ベリーのかんたんレシピ

関塚直子［ベリー栽培家］

さわやかな酸味ですっきり

ラズベリーサワー

（材料）原液約500cc分

ラズベリー（なるべく生。冷凍果実でも可）300g

氷砂糖　150～180g

リンゴ酢　300g

（つくり方）

1. 密封できる容器にラズベリー、氷砂糖を入れ、上からリンゴ酢を注ぐ
2. 1週間ほど漬け込み、こしてから再び密封容器に入れて保存する
3. 飲むときは水や炭酸で5～6倍に薄める

ジェラートのようになめらか

ラズベリーのアイスクリーム

(材料)5～6人分

ラズベリーのピューレ　300cc（生または冷凍果実400g、つくり方は93ページ参照）

牛乳　300cc

卵黄　卵3個分

砂糖　100g

生クリーム　$\frac{1}{2}$カップ

(つくり方)

1. 卵黄に砂糖50gを混ぜ合わせる
2. 牛乳に残りの砂糖50gを入れて砂糖が溶けるまで温める。沸騰させないように注意する
3. 2に1を少しずつ入れて混ぜ合わせ、弱火にかける。とろみがついたら火を止める
4. 3にピューレを混ぜ合わせて冷ます
5. 4をアイスクリームメーカーに流し込む
6. 5が固まり始めたら、砂糖大さじ1（分量外）を加えた生クリームを混ぜる

三段重ねでカラフルに
ラズベリームースのケーキ

（材料）直径20cmのケーキ型1個分

ラズベリーのピューレ　180cc（生または冷凍果実240～250g、つくり方は93ページ参照）
板ゼラチン　15g
シロップ　（水60cc、砂糖60g）
レモン果汁　½個分
コアントロー（ホワイトキュラソー）　大さじ1
生クリーム　120cc
卵白　卵2個分
市販のスポンジケーキ（横½～⅓にスライスしたもの）

（つくり方）

1. ピューレにさっと火を通して裏ごししておく
2. 板ゼラチンを水につけてやわらかくしておく
3. シロップを火にかけ、水を絞ったゼラチンと裏ごししたピューレを入れる。煮立たせないように注意する
4. 3にレモン果汁とコアントローを入れ、火から下ろして氷水につけてとろみを出す
5. 生クリームを7～8分立てにホイップする
6. 卵白を泡立て、4分立て、6分立て、8分立てのときに大さじ1ずつ砂糖を加える。角が立つまで泡立てる
7. 4に5の生クリームを混ぜ、さらに6の卵白を、泡をつぶさないように空気を入れながら切るようにして混ぜる
8. ケーキ型にスポンジケーキ、7の順に流し入れ、冷蔵庫で冷やし固める。ムースが固まったら、好みでベリーゼリーを流し入れ、再び冷やすと三段重ねになる

※ベリーゼリーは、砂糖（80g）と水（50cc）を火にかけ、砂糖が溶けたら水でふやかしておいた板ゼラチン（7g）とラズベリービューレ150cc（生または冷凍果実200g）を加えます。冷めたら、香りづけにコアントロー（大さじ１）を入れます

生の果実や葉で飾りつけ

ラズベリー、ブラックベリーのスイーツをつくったら、生の果実や葉を摘んで、ぜひ飾りつけをしてみましょう。ちょっとアレンジをするだけで、いちだんとおいしそうに見えます。一流のケーキショップにも負けない、育てている人だけができる楽しみ方です。

生の果実が手に入らない時期は、冷凍果実を室温でゆっくり解凍して、飾りつけに使いましょう。

ラズベリーとブラックベリーをミックス

ベリーベリージャム

（材料）170g入りの瓶約5個分

ブラックベリー（生または冷凍果実）　300g
ラズベリー（生または冷凍果実）　300g
砂糖　240g
レモン果汁　1個分

下ごしらえ　ブラックベリーのピューレをつくる

1. ブラックベリーを鍋に入れ、木べらでかき混ぜながら実が溶けるまで弱火で煮る

2. 1をボウルに移し、氷水につけてあら熱をとる

3. 2をミキサーにかけ、裏ごししてタネを除く。ラズベリーの場合は裏ごしは不要

（つくり方）

1. ラズベリーを鍋に入れ、あらかじめ砂糖をまぶしておく

2. 下ごしらえでつくっておいたブラックベリーのピューレを1に入れる

3. 2を弱火にかけ、砂糖が溶けたら火を強める。焦げつかないように注意する

4. アクが出てきたらこまめにすくう

5. $\frac{2}{3}$くらいまで煮詰まり、とろりとしてきたらひと煮立ちさせ、火を止めてレモン果汁を加える

6. 煮沸消毒した瓶が熱いうちに5を入れ、手早くふたをして瓶を逆さまにし、脱気をする。冷めたら冷蔵庫で保管

鮮やかな赤紫色のスイーツ

ブラックベリーのババロア

（材料）直径約5cmのゼリー型10個分

ブラックベリーのピューレ　350cc
牛乳　150cc
卵黄　卵1個分
生クリーム　270cc
砂糖　180g（果糖の場合は90g）
板ゼラチン　18g（水につけてやわらかくしておく）
コアントロー（ホワイトキュラソー）　大さじ1

（つくり方）

1. 牛乳に砂糖の半分を入れ、火にかけて砂糖を溶かす。煮立たせないように注意する

2. 卵黄に残り半分の砂糖を合わせて泡立て器でよくすり混ぜる

3. 2に1を少しずつ混ぜ、鍋に移して弱火にかける

4. とろみがついて鍋底が見えるようになったら火を止める

5. 水につけてやわらかくしておいた板ゼラチンの水をよく絞って4に入れる

6. 5にブラックベリーのピューレを入れてよく混ぜ合わせる

7. 香りづけにコアントローを入れる

8. 7を氷水に当て、へらでかき混ぜながらあら熱をとる

9. とろみがついてきたら、8と同じ程度の固さに泡立てた生クリームを混ぜ入れる

10. ゼリー型に流し入れ、冷蔵庫で冷やし固める

肉料理にもぴったり
チキンのラズベリーソースがけ

(材料)4～5人分

ラズベリー（生または冷凍果実）　300g
タマネギ（中）　1個
白ワイン　150cc
はちみつ　大さじ2
無塩バター　15g
鶏肉（骨つきもも肉）　5本
塩、こしょう、岩塩、好みのハーブ　各少々
コーンスターチ　大さじ1
水　大さじ1

(つくり方)

1. 鶏肉に岩塩、こしょう、好みのハーブをふりかけて10分以上おく
2. タマネギはみじん切りにし、バターで透明になるまでいためる
3. 2に白ワインを加え、弱火で半量になるまで煮詰める
4. 汁が煮詰まってきたらラズベリー、はちみつ、好みで塩、こしょうを加えてさっと煮る
5. 水で溶いたコーンスターチを入れ、とろみをつける
6. 両面を香ばしく焼いた鶏肉にソースをかけて完成

P/JBP-T.Narikiyo

ベリーの冷凍保存

ラズベリー、ブラックベリーの果実はあまり日もちがしないので、たくさん収穫できたら、冷凍保存をすると便利です。冷凍果実のストックがあれば、1年を通して自家製のベリーを味わうことができます。

ラズベリーの果実は収穫時に花托が取れてしまうので、中が空洞です（16ページ参照）。形がくずれやすいので、洗わずに冷凍するようにします。また、果実に水気が多いので、一度に冷凍すると、容器の底に果実がくっついてしまったり、果実どうしが固まって凍ってしまいます。料理に使用する場合はそれでもよいのですが、ラズベリーを形よく冷凍するには、ちょっとしたコツがあります。

まず、バットなどの容器にサランラップを敷き、その上に果実を1つずつ並べて、いったん凍らせます。果実が完全に凍ったら、チャックつきのビニール袋やタッパーなどに移して保存しましょう。そうすれば、収穫時のきれいな形のままの冷凍果実をつくることができ、解凍して飾りつけなどにも利用することができます。

一方、ブラックベリーは、ラズベリーほど形がくずれないので、果実の毛が気になる場合は、軽く洗ってから冷凍してもよいでしょう。きれいな形で冷凍したい場合は、ラズベリー同様、バットなどに並べていったん凍らせてから冷凍保存します。

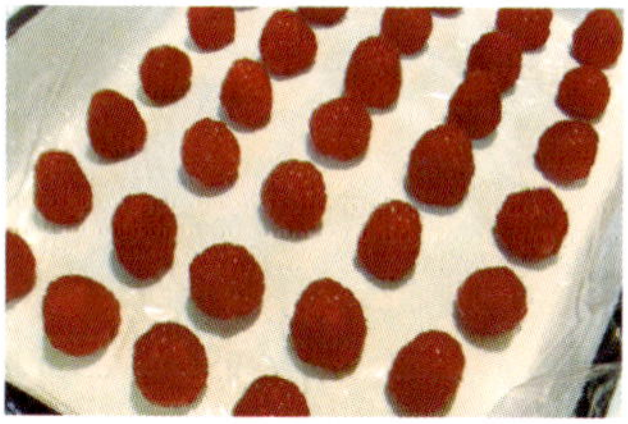

バットなどに1粒ずつ並べて凍らせる

完全に凍ったらタッパーや保存用ビニール袋に入れて冷凍保存する

 P/E.Yajima

8月

ほとんどの品種の収穫も終わり、7月に引き続き来年の結果母枝となるサッカーやシュートの夏季剪定を行いながら整枝をします。ブラックベリーは長く伸びたシュートを利用して、とり木を行うことができます。また、乾燥してくると葉にハダニ類が発生するので注意が必要です。

H.Kunitake

サッカーの葉をいっぱいに展開したラズベリー

8月のラズベリー、ブラックベリー

夏の日ざしをいっぱいに受けて、来年の結果母枝となるサッカーやシュートの枝葉がしっかりとしてきます。下旬ともなるとそれらの伸長が止まり、翌年のための花芽分化が急速に進みます。

●庭植えの管理

水やり　乾燥が続くようなら、水やりをします。

肥料　7月にお礼肥が施せなかった株や8月に収穫が終わった晩生種のブラックベリーは、お礼肥を施します（83、86ページ参照）。

夏季剪定　7月に夏季剪定ができなかった株や8月に収穫が終わった晩生種のブラックベリーは整枝、剪定を行います（83〜85ページ参照）。

除草　病虫害が発生しやすい時期なので、こまめに除草を行い、風通しをよくして、予防に努めます。

●鉢植えの管理

置き場　戸外の日当たりのよい場所に置きます。乾燥しやすく、しおれるようであれば、日陰に鉢を移動させます。

水やり　1日2回水を与えます。

肥料　7月にお礼肥が施せなかった株や8月に収穫が終わった晩生種のブラックベリーは、お礼肥を施します（83、86ページ参照）。

夏季剪定　庭植え同様に7月に夏季剪定ができなかった株や8月に収穫が終わった晩生種のブラックベリーは、整枝、剪定を行います（83〜85ページ参照）。

除草　庭植え同様に除草を行います。

●主な作業（庭植え・鉢植え共通）

病虫害の防除　完熟した晩生種のブラックベリーはショウジョウバエの発生に注意します。また、晴天が続き、乾燥してくるとハダニ類が発生します。特に、収穫後の樹勢が弱っている枝の葉に多発する傾向があります。ひどくなると葉が黄化し、落葉します。夏季剪定を確実に行い、風通しをよくしましょう。また、

JBP-Y.Itoh

ラズベリーの葉を食害するマメコガネ

株全体に水やりを行うことも予防法の一つです。ハダニがついている葉を見つけたら、除去します。また、マメコガネが葉や茎を食害します。ほうっておくとほとんど新芽がなくなるので、見つけしだい捕殺します。

ブラックベリーのとり木　ブラックベリーは株元からのシュートは出てきますが、ラズベリーのようにサッカーが出にくいので、株分けすることが困難です。

そこで、ブラックベリーの場合は、とり木という方法で株をふやします。とり木は親株の枝や幹を土中に埋め、不定根を発生させて、発根後に切り離して株をふやす方法です。ブラックベリーの場合は「先とり法」といって、基部の葉がついているシュートの途中を地中に埋めるようにします。こうすることで、土中に埋まった枝の植物ホルモンが増加し、発根します。

ブラックベリーのとり木

適期＝6～9月

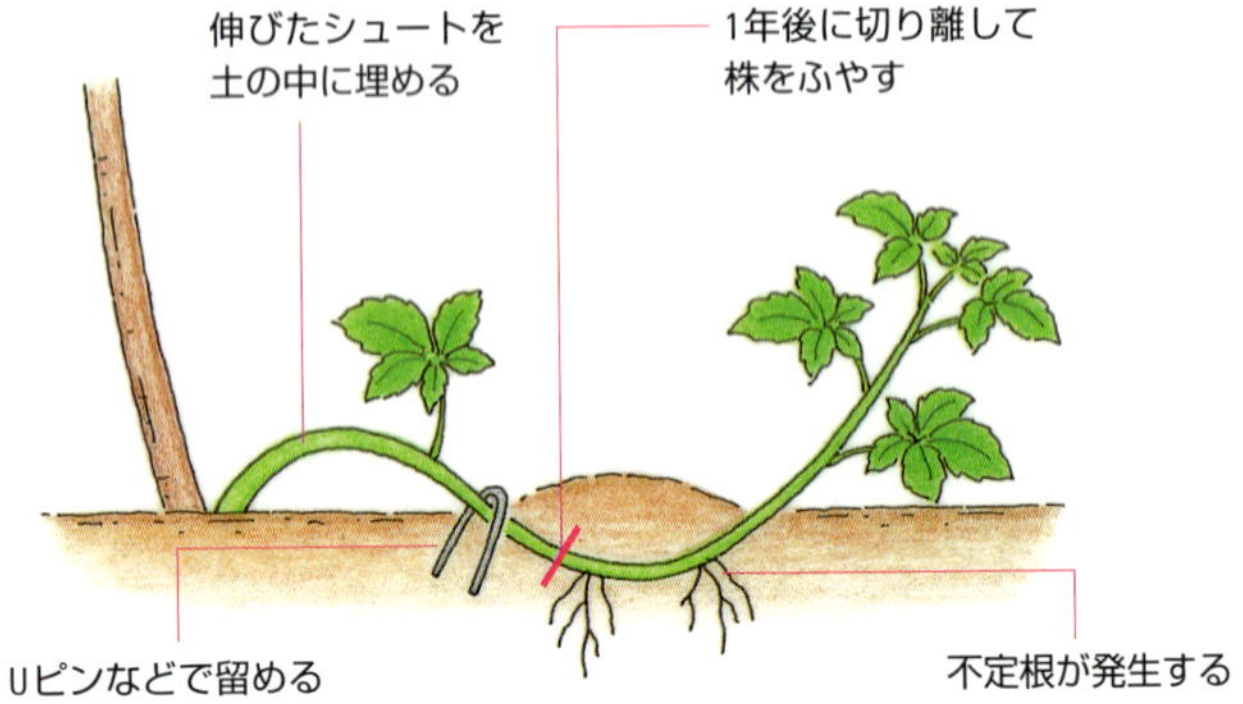
伸びたシュートを
土の中に埋める
1年後に切り離して
株をふやす
Uピンなどで留める
不定根が発生する

プランターを使ったとり木

適期＝6～9月

とり木は一般的に庭植えで行いますが、プランターを利用すれば、ベランダなどでもとり木をすることができます。あらかじめプランターに株を植えつけておき、シュートが伸びてきたら庭植えと同様にとり木を行います。

伸長中または伸長が止まったシュートの一部を地中に埋め、針金またはピンをU字に曲げ、シュートが動かないように固定する。先端は地中から出しておく

シュートをピンで固定したところ。このまま通常の管理をする

10月から12月または2月から3月の植えつけ適期に株を掘り上げる

発根していたら茎を適当な長さで切り、鉢などに植えつける。鉢への植えつけは50～51ページ参照

9月

9月は本格的な台風シーズンを迎えます。風の当たらない場所へ鉢を移動させたり、しっかりと誘引をしておきましょう。二季なり性のラズベリーは、受粉を助ける昆虫が少ない場所では人工受粉を行います。早いものでは、今月下旬から収穫が始まります。

ブラックベリーの葉

9月のラズベリー、ブラックベリー

ほとんどのラズベリーやブラックベリーの品種では、来年の結果母枝はさらに充実して、青々とした葉をつけています。二季なり性のラズベリーは春から伸びてきたサッカーの成長が止まり、その先端に花が咲きます。

●庭植えの管理

水やり　乾燥が続く場合は水やりをします。

肥料　施しません。

人工受粉　二季なり性のラズベリーも基本的に

は自分の花粉で果実をつけることができますが、4月と同様に昆虫が少ない地域では人工受粉を行います（68ページ参照）。

除草　こまめに除草を行います。

●鉢植えの管理

置き場　戸外の日当たりのよい場所に置きます。

水やり　1日2回水を与えます。

肥料　施しません。

人工受粉　庭植えと同様に人工受粉を行います。

除草　こまめに除草を行います。

●主な作業（庭植え・鉢植え共通）

台風対策　春から伸びてきたサッカーやシュートが台風で折れたり、葉がなくなると来年の果実に大きく影響します。台風情報に注意し、早めに対策を講じましょう。

　まず、庭植えの株は来年の結果母枝になる枝を支柱やフェンスにしっかり誘引します。株仕立ての場合は、すべての枝をひとまとめにします。大株の場合は、防風ネットを周囲に立てて枝を守りましょう（118～119ページ参照）。

　鉢植えの場合は基本的には風の当たらない場所へ移動させますが、適した場所がない場合には支柱やあんどん支柱などに枝を誘引します。春に定植した幼木は幹が折れないように、特に注意が必要です。

　台風が去ったあとは、株全体を縛ったひもを外したり、誘引ひもをゆるめたりしましょう。また、海に近い地域では枝葉についた潮水を落とすために株全体に水をかけます。

台風の被害を受けたラズベリー

10月

二季なり性のラズベリーは収穫期を迎えます。色づいた果実から収穫していきましょう。また、園芸店に苗木が並び始めます。苗木の購入や植えつけの適期です。

Y.Hoshino

ラズベリー‘インディアンサマー’の秋果

10月のラズベリー、ブラックベリー

二季なり性のラズベリーは春から伸びた新梢の先端に花がつき、10月から11月にかけて成熟していきます。秋の果実は夏の果実と比べるとやや小ぶりです。葉は気温が下がるにつれて、株の下のほうの葉から褐色や黄色に変わっていきます。

●庭植えの管理

水やり　行いません。

肥料　施しません。

収穫　二季なり性のラズベリーの収穫期です。赤く色づいたものから収穫していきます。

●鉢植えの管理

置き場　戸外の日当たりのよい場所に置きます。

水やり　土の表面が乾いていたら水やりをします。

肥料　施しません。

収穫　庭植えと同様に行います。

●主な作業（庭植え・鉢植え共通）

苗木の購入　この時期のラズベリー、ブラックベリーの苗木は、3月に出回るものと違って、株分けやさし木でふやした、葉が数枚ついている苗がほとんどです。枝葉の傷みが少なく、茎が太く、根がしっかりとポット内に張っているものを選びましょう。ときどき、夏から秋にかけて株分けした根の少ない株があるので注意しましょう。そのほかについては3月（47〜48ページ）を参考にしてください。

植えつけ　秋に出回る苗木の植えつけ、植え替えの適期です。

暖地では秋植えのほうが根の張りがよく、翌春の枝の伸長がよいようです。一方、寒地では気温が下がるので、春に植えつけたほうが植え傷みが少なく、確実に根づくようです。植えつけの手順は3月（50〜53ページ）を参照してください。なお、冬季に乾燥しやすい場所では、落ち葉などで株元をマルチングして乾燥を防ぎます。

H.Kunitake

通信販売で購入した苗木

鉢植えの植え替え　ラズベリー、ブラックベリーは2年以上株分けや植え替えをしないと、鉢の中で根が回り、シュートやサッカーの成長が悪くなったり、新しく発生しなくなります。そのため、2年に一度は植え替えが必要です。

ラズベリーは4月の作業（56ページ）を参照して、植え替えと同時に株分けを行います。

ブラックベリーは株分けをしにくいので、2月から3月または10月から11月に一回り大きな鉢に植え替えるか、根鉢のまわりを2割程度ほぐし、同じ大きさの鉢に再び植えつけます。

根鉢を2割小さくしてから同じ鉢に植え直す

日本各地に誕生！注目のベリーガーデン

これまでベリーガーデンといえば、北海道や長野県など、冷涼な地域のイメージでした。

ところが現在では、東京の都心の高層ビルの屋上にも、温暖な宮崎の公園の一角にも、ベリーガーデンが誕生しています。

ラズベリー、ブラックベリーをはじめ、ブルーベリー、カランツ、グーズベリー、ジューンベリーなど、たくさんのベリーたちが四季折々の姿を見せてくれます。愛らしいベリーの果実がたわわに実った風景は、幸せな時間をもたらしてくれます。

JBP-Y.Itoh

宮崎市内の植物公園につくられたベリーガーデン

東京・六本木にあるマンション屋上のベリーガーデン。ガーデンベンチの後ろにブラックベリーのドームを設置して、座りながら収穫が楽しめるように工夫されている。夏は緑陰で涼むこともできる。ジューンベリー、マルベリーなどのベリー類も植えられている

JBP-T.Irie

11月

休眠期に入る前に、硬くなった土の改良を兼ねて有機物の補給をします。10月に引き続き、苗木の購入、植えつけ、植え替えの適期です。二季なり性のラズベリーは、地域によっては今月上旬まで収穫できます。

赤く色づいた黄ラズベリー（カジイチゴ）の葉

11月のラズベリー、ブラックベリー

秋の紅葉シーズンを迎えます。目を引くような紅葉ではありませんが、赤や黄色に葉の色が移り変わっていきます。黄ラズベリー（カジイチゴ）のような野生種のなかには、きれいに紅葉するものもあります。

紅葉のあと、株の下のほうから落葉が始まり、品種によってはすべての葉を落とし、休眠期に入るものもあります。

●庭植えの管理

水やり　行いません。秋に幼木を植えつけた場合は、土の表面が乾いたら水を与えましょう。

肥料　堆肥や油かすなどの有機質肥料の補給をします。

植えつけ、植え替え　10月に引き続き行えますが、冬季に乾燥する太平洋側や寒さが厳しい地域は3月に行うほうがよいでしょう。

●鉢植えの管理

置き場　戸外の日当たりのよい場所に置きます。

水やり　鉢土の表面が乾いていたら水やりをします。

肥料　堆肥や、油かすなどの有機質肥料の補給をします。

植えつけ、植え替え　10月に引き続き適期です。

●主な作業（庭植え・鉢植え共通）

有機物の補給　庭植えのラズベリーやブラックベリーは、株のまわりに堆肥などを1株当たり5kg程度施し、深さ10cm程度までよく耕します。

　施肥する場所は株元だけでなく、なるべく広い範囲にまきましょう。また、有機質肥料はチッ素などの主要成分以外のものをたくさん含むので、果実をおいしくしてくれる効果があります。

　鉢植え（6号鉢程度）の株は、固形の油かすなどを3〜4個程度施しましょう。

株のまわりに堆肥を施してよく耕す

12月

本格的な冬の到来です。雪が降る前に有機質肥料の施肥を終わらせましょう。今月下旬から冬季剪定の適期となります。また、雪国では積雪前に枝をまとめて縛り、雪の重みで枝が折れるのを防ぐなどの冬越し対策が必要です。

休眠中のラズベリー

12月のラズベリー、ブラックベリー

ほとんどの品種は葉を落とし、枝だけの状態になります。株の生育条件がよいと枝が太く、つやがよいものが多く残っています。今月から2月まで長い休眠期に入っていきます。

●庭植えの管理

水やり　行いません。

肥料　11月に施肥を行わなかった株には有機質肥料を施します。

●鉢植えの管理

置き場　ラズベリーはそのまま戸外の日当たりのよい場所に置きます。ブラックベリーは比較的寒さに弱いので、寒冷地では軒下や玄関などへ移動させます。

水やり　土の表面が乾いていたら水やりをします。

肥料　11月に施肥を行わなかった株には有機質肥料を施します。

●主な作業（庭植え・鉢植え共通）

冬季剪定、仕立て直し　1月（31ページ参照）と同様に剪定、仕立て直しを行います。

冬越し対策　雪の多い地域では、その重みで枝が折れるのを防ぐために、11月から12月に、株仕立ての株は根元から上へ縄などで枝を巻き上げて結束しておきます（115ページ参照）。垣根仕立てで誘引してあるものは必要ありません。

雪の中のブラックベリー

ベリーでクリスマス

夏に収穫したベリーを冷凍保存しておいて、ベリーづくしのクリスマスを楽しんでみましょう。

JBP-T.Narikiyo

メインディッシュはチキンのラズベリーソースがけ（つくり方は96ページ）。飲み物はラズベリーサワー（88ページ）。サラダにはラズベリードレッシングをかけて。ドレッシングは、解凍して裏ごししたラズベリー70gに、レモン果汁、しそオイル（サラダオイルでも可）、塩、こしょう少々を加えて味をつける

北国での栽培

星野洋一郎［北海道大学北方フィールド科学センター］

品種の選び方

ラズベリーは比較的冷涼な気候を好むので、北国で比較的栽培しやすいキイチゴの一つです。ブラックベリーはラズベリーよりやや耐寒性が劣るため、初心者はラズベリーから始めることをおすすめします。

北国向けの代表的なラズベリーの品種には、‘チルコチン’、‘ヌートカ’、‘スキーナ’（20ページ参照）、‘ラーザム’、二季なり性の‘セプテンバー’、黄色果実の‘ゴールデンクイーン’（20ページ参照）などがあります。果実が大きく、食味もよい‘チルコチン’、‘ヌートカ’、‘スキーナ’は特におすすめの品種です。

‘ヌートカ’ Nootka

‘チルコチン’ Chilcotin

植えつけは春

北国での植えつけは春が適しています。植えつける場所は、日がよく当たるところを選びます。風が強く通り抜ける場所は、枝がこすれ合って果実を傷めたり、枝が折れてしまうことがあるので、できるだけ避けるようにします。

通信販売で株を入手する場合は、北国ではまだ雪解けの終わらない時期や、十分に気温が上がらないうちに苗木が届き、定植までの間に株を傷めてしまうこともあります。定植までの管理が難しい場合は、定植の時期に近くの園芸店などで、株の状態を確かめながら購入したほうが安心です。

肥料は春を中心に施す

植えつけの方法や管理については一般地域と同様ですが、肥料については注意が必要です。

夏以降に肥料を施すと成長が持続するため、寒さへの準備が遅れ、耐寒性が十分に得られないことがあります。そのため、施肥は春先を中心に考え、夏までは不足分を速効性の液体肥料で補うようにするとよいでしょう。

JBP-S.Maruyama

'セプテンバー' September

Y.Hoshino

'ラーザム' Latham

冬越しの準備

秋の気温の低下とともに急速に落葉が進みます。最初は枯れたと思い、驚くかもしれませんが、これはラズベリーが冬を迎える準備を進めている合図です。寒さに耐えるため、少しずつコンディションを整えています。

耐寒性に富むラズベリーですが、このときに温室に入れたり室内に取り込んだりすると、このコンディションづくりがうまくいかず、十分に寒さに耐えることができません。また翌年の実りも少なくなってしまうため、自然のまま戸外で管理することが重要です。

寒さには十分な耐性がありますが、雪が多い地域では雪の重みで枝が折れてしまうことがあります。その対策として、積雪地域では枝をひとまとめにして、縄で縛っておく作業（雪囲いまたは冬囲い）を行います。

Y.Hoshino

雪囲いをして雪の重みで枝が折れるのを防ぐ

落葉が終わり、根雪になる前の初冬が作業の適期です。太めの枝に縄の先端を縛り、渦巻き状に巻き上げます。大株のものは、下のほうから数回に分けて縛るとやりやすいでしょう。縄はホームセンターなどで入手できる、太めの植物繊維製のものを選びます。冬囲いは翌春に雪が解けたあと、4月上旬に取り外します。雪で折れた枝や枯れ込んだ結果枝は剪定し、萌芽に備えます。

ドイツ留学を支えた思い出のラズベリー

星野洋一郎［北海道大学］

２００１年から２００２年にかけて、植物の受精の研究でドイツに留学をしました。留学先のハンブルクでは、マルクト（市場）でラズベリーやブラックベリーをはじめ、カランツ、カシス、グーズベリーなど、多種多様のベリーが売られているのを見かけました。

　食べ方の定番はジャムですが、ラズベリーの記憶は、留学先のスタッフのマリスおばさんがつくってくれるクーヘン（焼き菓子）と強く結びついています。マリスおばさんの手づくりのクーヘンの中に、マルクトで買ったたくさんのラズベリーが使われていました。しっかりとした小麦の大地の味に負けないベリーの野性味。たっぷりの甘みも、ここでは気持ちいいくらいです。特に名前のないラズベリーのクーヘンをいっぺんに好きになり、ラズベリーの最もおいしい食べ方だと思うようになりました。ラズベリーのおかげで、長いドイツの冬の日を乗り越えられたような気がしています。

Y.Hoshino

ドイツのマルクトで売られているベリー

南国での栽培

ブラックベリーは大株に育つ

温暖な九州や四国の平野部でも、ラズベリー、ブラックベリーの栽培は可能です。しかし、やはり温暖な気候を好むブラックベリーのほうが栽培が容易で、庭植えにすると大株になります。1株あれば家族で旬の味を楽しむことができます。一方、ラズベリーは夏季の高温乾燥などに弱く、鉢植えで楽しむことをおすすめします。

ラズベリーは品種を選ぶ

ラズベリーは、樹勢の強い〝インディアンサマー〟、〝サウスランド〟、〝サマーフェスティバル〟などがおすすめです。二季なり性で、夏と秋に収穫が楽しめます。また、サッカーが出やすいので、株分けで株をふやすことができます。

ブラックベリーはほとんどの品種が育てやすいのですが、早生種の〝ボイセンベリー〟、晩生種の〝マートンソーンレス〟、〝サテンブラック〟がおすすめです。〝ボイセンベリー〟は葉と果実の色のコントラストが魅力的で、〝マートンソーンレス〟は桃色の花が特徴です（24ページ参照）。両品種とも樹勢が強く、豊産性です。

ラズベリーは雨をよける

南九州地域などの南国で、ラズベリー（〝インディアンサマー〟など）やブラックベリー

（〝ボイセンベリー〟）を栽培すると、5月下旬から成熟が始まります。北海道地方と比較すると2か月程度早い収穫になります。ちょうど梅雨期と重なるため、庭植え株では成熟前から果実が傷み、きれいな集合果が収穫できないことがあります。また、そこから病気が発生し、株全体を傷めることにもなります。雨が多い暖地では、庭植え株には雨よけのビニールをかけましょう（73ページ参照）。鉢植えの株は、雨天のときは室内や軒下に入れ、雨がかからないようにします。

果実の成熟が近づく6月から7月には、気温が上昇し、雨も多くなるので、サッカーや株元から発生するシュートがおう盛に成長します。そのため、枝葉が果実のついている枝全体を覆い、果実に光が当たらず、果実の着色を妨げるだけでなく、風通しが悪くなって病気の発生の原因にもなります。夏季剪定（84ページ参照）をしっかりと行いましょう。

果実の収穫は2〜3日に1回は行い、成熟したものから順に摘み取ります。過熟気味になるとショウジョウバエなどが発生し、ほかの果実にも影響を与えます。

台風対策

南国での栽培で最も注意しなければいけないのは、夏の台風です。最近は温暖化の影響もあり、7月の収穫盛期に台風がくることも予想されます。台風情報を聞き、早めの対策をとることが重要です。

やや着色したものであれば、ジャムなどに利用できるので（92ページ参照）、台風前に早めに収穫してしまいましょう。また、庭植えの株には支柱を立てたり、株のまわりを防風ネットで覆ったりしましょう。鉢植え株は室内に入れるのが得策です。

また、二季なり性のラズベリーでは、台風が秋果に大きな影響を与えます。花芽分化以降に枝が折れると、その年の秋の収穫はできません。二季なり性の品種では、春に発生したサッカーやシュートをしっかりと誘引するなどして、台風の被害から守りましょう。

H.Kunitake

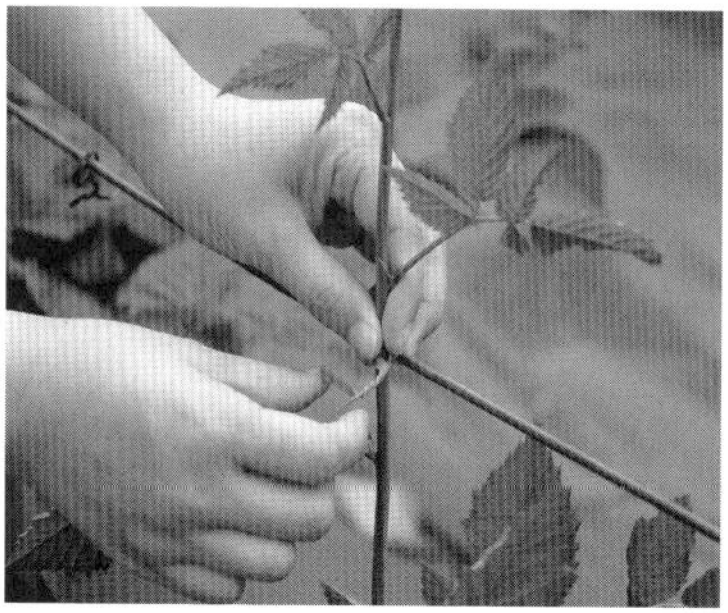

台風がくる前にしっかりと支柱に誘引しておく

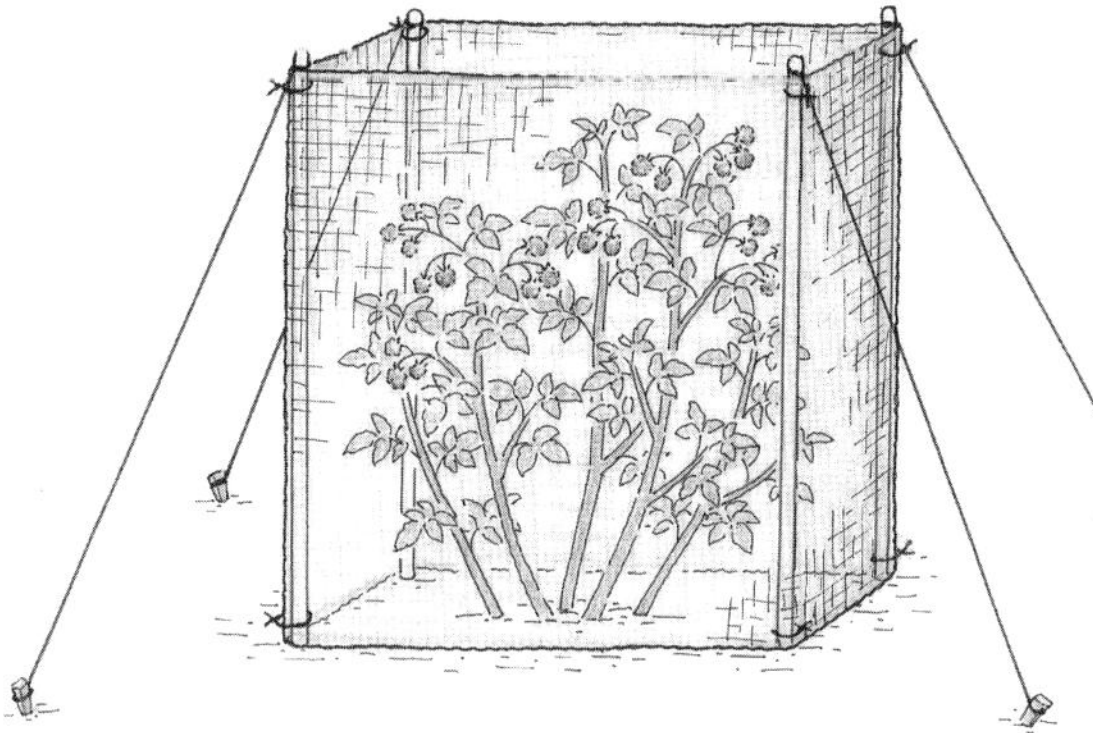

防風ネットで囲む

用語解説

あ

あんどん仕立て（あんどんじたて）　数本の支柱を立て、そこにワイヤーなどの輪を水平に固定したあんどん支柱に植物を絡ませる仕立て方。支柱の形が「あんどん」に似ていることに由来する。つる性植物に適している。シュートがよく伸びるブラックベリーは、コンパクトに仕立てることができる。

一季なり（いっきなり）　年に1回、果実がなるもの。

栄養枝（えいようし）　花芽分化をせず、葉や茎だけが成長している枝のこと。ラズベリーやブラックベリーでは、春に萌芽し、花芽分化する前までのサッカーやシュート（キイチゴ類では1年枝またはプライモケーンともいう）がその典型的な例である。

お礼肥（おれいごえ、おれいひ）　花後や果実の収穫後、消耗した樹勢を回復させるために施す肥料のこと。ラズベリー、ブラックベリーでは、一般的に7月から8月の果実収穫後に緩効性化成肥料などを施す。

か

開張性（かいちょうせい）　植物の草姿、樹姿を表す言葉で、全体的に開き気味に生育する特徴を指す。ラズベリーによく見受けられる。

花芽分化（かがぶんか）→はなめぶんか

夏季剪定（かきせんてい）　シュートやサッカーの伸長が盛んな夏季に行う剪定のこと。株の内部まで光が入るようにし、風通しをよくすることで、病虫害を予防する。

垣根仕立て（かきねじたて）　垣根やフェンスなどを利用して株の形を整える方法。下垂性やほふく性のブラックベリーは、垣根やフェンスに誘引することにより、洋風の雰囲気に仕立てることができる。フェンス仕立てともいう。

過熟果（かじゅくか）　適切な収穫時期を過ぎ、果実が成熟しきっている状態。さらに進行すると腐敗果となる。

下垂性（かすいせい）　成長初期は茎がしっかりしているために半直立的に伸長するが、一定の長さを超えると枝が下向きに垂れる草姿をいう。ブラックベリーの‘マートンソーンレス’や‘サテンブラック’などがその例。

株分け（かぶわけ）　親株から発生したシュートやサッカーを根のついた状態で親株から離す繁殖方法。ラズベリーでは、休眠期に結果母枝ごと分けるか、または春に出てくるサッカーを利用して行う。

カルス（かるす）　さし穂の切り口など、植物体が傷を受けたところをふさぐために増殖する組織。癒傷(ゆしょう)組織ともいう。

緩効性化成肥料（かんこうせいかせいひりょう）　肥料を施した時点から効果が表れ、かつ一定期間効果が続く化学肥料のこと。

完全花（かんぜんか）　1つの花に雄しべと雌しべの両方をもっているものを指す。両性花ともいう。また、雄しべだけのものを雄花、雌しべだけのものを雌花といい、これらを不完全花という。

キイチゴ（きいちご）　木本性のバラ科キイチゴ属の総称。ラズベリー、ブラックベリーもキイチゴの仲間。日本にも多くのキイチゴが自生する。

基部（きぶ）　植物体の基礎となる部分を指す。植物体全体では根元のほう、新梢であれば枝分かれしている部分、花序であれば枝から出てきている部分を指す。

休眠（きゅうみん）　植物が生育する過程で、種子や冬芽の状態にあるときに、生育が一時的に停止することをいう。ラズベリー、ブラックベリーでは、冬季に葉が落ちて、春に萌芽するまでの期間を休眠期という。

結果枝（けっかし）　果樹などで花が咲き、実がつくようになった成熟した枝のこと。一季なり性のラズベリー、ブラックベリーでは、結果母枝から春に伸長した新梢が結果枝となる。

結果習性（けっかしゅうせい）　花芽形成の規則性のこと。果樹の仲間では、花芽が形成される枝の位置、さらに花芽が発達して開花、結実するパターンは種類によって大きく異なっている。

結果母枝（けっかぼし）　柑橘類、クリ、カキ、ブドウ、キイチゴ類などにある、花や果実をつける新梢（結果枝）を出す枝のこと。

健康機能性（けんこうきのうせい）　生活習慣病などのさまざまな病気に対する予防面での食品の働きのこと。

交雑（こうざつ）　優秀な親の雌しべに、選抜した親の花粉をつけ、両親の優良な特性をもった子孫（雑種）を獲得して新しい品種を育成する方法。

さ

栽培種（さいばいしゅ）　交雑や選抜など、何らかの品種改良がなされ、育成・栽培されている種類のこと。一般的に、野生種または原種と区別するために使われている。

さし床（さしどこ）　さし木をするための鉢や箱、またはさし木用土のこと。

サッカー（さっかー）　親株から離れたところに発生する子株。

JBP-N. Kamibayashi

鉢植えのラズベリーに発生したサッカー

三要素等量（さんようそとうりょう）　チッ素、リン酸、カリが等量に配合されていること。

自家結実性（じかけつじつせい）　自家受精し、果実がつく性質のこと。果樹では「1本でも実のなる木」として紹介される場合が多く、ブドウやビワのように自家受精できるもののほか、ウンシュウミカンのように受精しなくても実のなるものまで含まれることがある。

自家受粉（じかじゅふん）　同一株内での雄しべから雌しべへの受粉のこと。他家受粉と対語として使われる。

シュート（しゅーと）　株元や枝から発生する新梢。

H. Kunitake

ブラックベリーのシュート

樹冠（じゅかん）　樹木の枝葉が描く木の輪郭のこと。

種間雑種（しゅかんざっしゅ）　分類学上の単位である種の間で、自然または人為的に育成された雑種のこと。

樹勢（じゅせい）　樹木が生育する勢いのこと。ほかの品種と比較して「樹勢が強い」という表現をする。

植物ホルモン（しょくぶつほるもん）　植物の成長や、芽、葉、種子の形成に、きわめてわずかな量で作用する物質のこと。代表的なものとして、オーキシンやジベレリンがあげられる。

人工受粉（じんこうじゅふん）　昆虫による受粉が期待できない場合に、人が花粉を柱頭につけてやる作業のこと。ラズベリーやブラックベリーは1本でも実のなる果樹であるが、昆虫などが少なく、着果が少ない場合に行うことがある。

新梢（しんしょう）　新しく伸びた枝のこと。

整枝（せいし）　支柱やロープを使って、植物の姿を美しく整えたり、結実をふやすために枝を仕立てる作業。

成木（せいぼく）　開花、結実するまでに成熟した木のこと。

剪定（せんてい）　樹木本来の特性を生かしながら、ハサミなどで不要な枝を切り美しい樹形をつくるとともに、毎年花や果実がつくようにする重要な作業のこと。

層積処理（そうせきしょり）　種子の休眠を打破させる技術の一つで、キイチゴ類の場合、一定の湿度を保ち、低温（4℃程度）で3か月以上処理すると発芽する。

速効性液体肥料（そっこうせいえきたいひりょう）　施すとすぐに植物が吸収できる液体の肥料。追肥に使用する。水やり時に施す。

た

地下茎（ちかけい）　地下にある茎のことで、養分を蓄えたり、長く伸びて繁殖する。ラズベリーでは地下茎から多くのサッカーが発生し、繁殖に利用される。

チッ素肥料（ちっそひりょう）　チッ素分を多く含む肥料の総称。植物の葉や茎の生育を促進する作用がある。硫安、油かす、尿素などがある。

中生性（種）（ちゅうせいせい）　早生種と晩生種の中間に果実が成熟するもの。

直立性（ちょくりつせい）　キイチゴ類の草姿の特徴の一つであり、支柱などがなくても茎がまっすぐに成長する性質のこと。ラズベリーの品種に多く存在する。

追肥（ついひ）　植物の成長に合わせて施す肥料のこ

と。果樹栽培では、果実の肥大期や収穫後に化学肥料や液体肥料を施す。

摘花（てきか）　木の成長や果実の肥大を促すために、花の段階でその一部を取り去る作業のこと。

摘果（てきか）　木の成長や果実の肥大を促すために、幼果の段階でその一部を取り去る作業のこと。

冬季剪定（とうきせんてい）　休眠中の冬季に行う剪定のこと。冬季剪定は、植物の姿を整えたり、日当たりや風通しをよくして病虫害の予防をするだけでなく、毎年果実がなるように花芽の数を調節する重要な作業である。

定植（ていしょく）　植物を栽培したい場所に植えつけること。

とり木（とりき）　親株の枝や幹に不定根を発生させる処理をし、発根後切り離して株を繁殖する方法。ブラックベリーでは、基部の葉がついているシュートを地中に埋める「先とり法」で株をふやすことができる。

な

二季なり（にきなり）　年に2回、果実がなること。ラズベリーの品種に多い。

根鉢（ねばち）　根と根のまわりについている土の塊。

は

バークチップ（ばーくちっぷ）　木の樹皮をチップ状にしたもの。インテリアバーク、デコバークなどとも呼ばれ、マルチングや土壌改良の資材として広く利用されている。

発根促進剤（はっこんそくしんざい）　さし木などを行う際に、穂木の基部に塗布する成長調節物質のこと。一般的にはオーキシンの一種が使用される。

花芽分化（はなめぶんか）　花芽形成に先立って花芽のもと（花原基）がつくられること。ラズベリーやブラックベリーでは7月から8月にかけて来年の花芽分化が進む。

晩生性（種）（ばんせいせい）　種類のなかで比較的開花、結実、成熟が遅いもののこと。一般的に、早生性（種）、中生性（種）、晩生性（種）に分けられる。

ピートモス（ぴーともす）　北方の湿地帯に生える水ゴケが腐植化したもの。強酸性（pH3.5～4.5）のため一般的には中和して用いられ、さし木やタネまきの用土として広く利用される。

穂木（ほぎ）　さし木やつぎ木を行う際、新梢から採取する枝や芽のこと。ブラックベリーでは、新梢（栄養枝）の先端部を使用する。

不定根（ふていこん）　茎や葉などから出てくる根のこと。さし木やとり木で発生する根はすべて不定根。

ほふく性（ほふくせい）　キイチゴ類の草姿の特徴の一つであり、地面を這うように成長する性質のこと。ブラックベリーの'ボイセンベリー'がその例である。

ま

マルチング（まるちんぐ）　バークチップや落ち葉などで土の表面を覆うこと。乾燥防止、泥はね防止、雑草の防止などの効果がある。

木質化（もくしつか）　茎が木のように堅くなること。

元肥（もとごえ）　植物を植えつけるときに施す肥料で、果樹などでは寒肥のことを指す。

や

野生種（やせいしゅ）　人為的な手がかからず、自然状態で生活している集団をいう。日本にも多くのキイチゴの野生種が存在する。

有機質肥料（ゆうきしつひりょう）　動物や植物由来の肥料。油かす、骨粉、家畜のふんなどがあり、ブラックベリーなどの秋の追肥として施肥すると効果が高い。

幼木（ようぼく）　結果年齢に達していない若い木のこと。または植えつけて１～２年の若い苗木を広く呼ぶ場合もある。

ら

緑枝ざし（りょくしざし）　梅雨時期に、春から伸びた新梢を利用するさし木の方法。ラズベリーはやや難しいが、ブラックベリーでは緑枝ざしが可能である。

わ

早生性（種）（わせせい）　種類のなかで比較的開花、結実、成熟が早いもののこと。

参考文献

1　高橋栄治著　ＮＨＫ趣味の園芸　作業12か月39『ブルーベリー・キイチゴ類』日本放送出版協会（１９９４）

2　小笠原　誓監修　別冊ＮＨＫ趣味の園芸『栽培上手になる！　ビジュアル園芸用語５３０』日本放送出版協会（２００５）

3　中島二三一著『北国の小果樹栽培』社団法人北海道農業改良普及協会（１９９６）

4　中島二三一著『キイチゴ類　果樹園芸大百科16　落葉特産果樹』社団法人農山漁村文化協会（２０００）

5　黒田喜佐雄著『キイチゴ類　園芸植物大事典１』小学館（１９９８）

6　北村四郎、村田　源共著『原色日本植物図鑑　木本編（１）』保育社（１９９４）

國武久登（くにたけ・ひさと）

1963年、福岡県生まれ。宮崎大学農学部教授。千葉大学大学院博士課程自然科学研究科修了。学術博士。柑橘類やベリーなどの家庭果樹の育種を行っている。果樹の野生種のもつ魅力にひかれ、近年は、栽培品種とその野生種との遠縁雑種の育成についても研究している。著書に『NHK趣味の園芸ガーデニング21 育てて味わう！ まるごとベリー』（NHK出版）などがある。

表紙・カバーデザイン
古閑久明
本文レイアウト
古閑久明、荒重夫
イラスト
江口あけみ
撮影
伊藤善規／入江寿紀／上林徳寛／國武久登／成清徹也／星野洋一郎／丸山滋／ARS
撮影協力
安倍一子／植木素子／（有）風のみどり塾／九州東海大学農学部／國武茉里／グネ・ハンドクラフテッド／小松春喜／関塚直子（ベリーコテージ）／高木良心／津田浩利／中村理恵／フローランテ宮崎／北海道大学北方生物圏フィールド科学センター／松山美保／宮崎大学農学部／森ビル（株）／森本美和子／渡邊美紀
編集協力
矢嶋恵理／ノムラ
校正
安藤幹江
シリーズアートディレクション
湯浅レイ子（ar inc.）

NHK趣味の園芸
よくわかる栽培12か月
ラズベリー、ブラックベリー

2006年7月15日　第1刷発行
2021年6月20日　第14刷発行

著　者　國武久登

発行者　森永公紀
発行所　NHK出版
〒150-8081　東京都渋谷区宇田川町41-1
TEL　0570-009-321（問い合わせ）
0570-000-321（注文）
ホームページ　https://www.nhk-book.co.jp
振替　00110-1-49701
印　刷　凸版印刷
製　本　凸版印刷

ISBN978-4-14-040221-4 C2361
Printed in Japan